작곡가
어떻게
되었을까
?

꿈을 이룬 사람들의 생생한 직업 이야기 26편
작곡가 어떻게 되었을까?

1판 1쇄 찍음 2020년 09월 09일
1판 3쇄 펴냄 2022년 06월 28일

펴낸곳	㈜캠퍼스멘토
저자	전다솔
책임 편집	이동준 · 북커북
진행 · 윤문	북커북
연구 · 기획	오승훈 · 이사라 · 박민아 · 국회진 · 김이삭 · ㈜모야컴퍼니
디자인	㈜엔투디
마케팅	윤영재 · 이동준 · 신숙진 · 김지수
교육운영	문태준 · 이동훈 · 박흥수 · 조용근
관리	김동욱 · 지재우 · 임철규 · 최영혜 · 이석기 · 임소영
발행인	안광배

주소	서울시 서초구 강남대로 557 (잠원동, 성한빌딩) 9층 (주)캠퍼스멘토
출판등록	제 2012-000207
구입문의	(02) 333-5966
팩스	(02) 3785-0901
홈페이지	http://www.campusmentor.org

ISBN 978-89-97826-46-9(43670)

ⓒ 전다솔 2020

현직
작곡가들을
통해 알아보는
리얼 직업
이야기

작곡가
어떻게

How did they become composers?

되었을까?

CampusMentor
캠퍼스멘토

" 도움을 주신 작곡가들을 소개합니다 "

음악감독
이율구

- 현) 동네음악사 대표
- 극단 신세계 음악감독
- 작곡가, 음악감독
- 서울시립대학교 음악학과 학사
- 한국예술종합학교 음악극창작과 석사

송라이터
윤선하

- 윤선하 정규앨범, EP, 싱글앨범 11장 발매
- 2016 원데이원송
- 〈하반기 Best 스트리밍 top20〉, 〈Best Female Artists 트랙 20〉 선정
- 백석대학교 실용음악과 작곡전공
- 백석대학원 실용음악과 작곡전공

대중음악 작곡가
미친감성

- 현) 감성 사운드 대표
- 2002 SBS NET 가요제 3위
- YMC엔터테인먼트 프로듀서
- 한국음악저작권협회 정회원

광고음악 작곡가
박형준

- 현) CODA 대표
- 현) RHOONART 프로듀서
- 2004년 광고음악감독 입문
- 서울시립대학교 음악학과 졸업

대중음악작곡가
서기준

- 현) 강남인디레코드 대표
- 전) 강동대학교 강사
- 전) 동아방송대학교 강사
- 전) KC대학교 강사
- 미국 Berklee college of music

영상음악 작곡가
김혜인

- 현) ㈜ 라인플러스 Music Director
- 전) 러브아일랜드레코드 음악감독
- 경기대학교 예술대학 영상/전자디지털음악
  복수전공
- 연세대학교 영상음악원 영상음악전문가과정
  고급 이수

이 책의 구성

Chapter 1

작곡가, 어떻게 되었을까?

Chapter 2

작곡가의 생생 경험담

Chapter 3

예비 작곡가 아카데미

작곡가,

어떻게 되었을까 ?

작곡가란?

작곡가는

멜로디, 리듬, 음악이론 등의 기초적인 지식을 이용하여
자신의 감정을 표현하도록 악보에 그리거나
컴퓨터의 음악프로그램을 이용해 음을 만들고 가사를 붙이고
편곡을 통해 곡을 다듬는 작업을 합니다.

작곡가가 되기 위해서는 대학의 관현악과, 기악과, 성악과, 피아노과, 음악과, 작곡과 등의 관련 학과를 졸업하는 것이 유리합니다. 관련 학과에 진학하기 위해서는 적어도 청소년기가 되기 전에 자신의 진로를 결정하여 꾸준한 연습을 해야 합니다. 이 때문에 음악가 중에는 예술계 중·고등학교로 진학하는 사람이 많고, 그렇지 않은 경우에는 대부분 사설학원이나 개인레슨을 통해 교육을 받습니다. 음악가 중에는 이탈리아를 비롯해 유럽으로 유학을 다녀오는 사람도 있습니다. 그러나 학력이나 전공 보다 능력이 더 중요한 분야이기 때문에 독학으로 공부해서 작곡가가 되는 경우도 많습니다.

출처: 워크넷 직업정보

작곡가가 하는 일

◆ 작곡가는 관현악, 기악, 성악, 대중가요, 영화음악, 광고음악, 애니메이션음악 및 기타
  배경음악 등을 만든다.

◆ 때로는 작사한 내용에 따라 음악의 장르를 결정한다.

◆ 작가의 생각과 감정을 화음, 리듬, 멜로디, 음악이론 등을 기초로 악보를 통해 표현한다.

◆ 작곡한 음악을 피아노, 기타 등의 악기나 관현악단에서 연주할 수 있도록 편곡하기도 한다.

◆ 음을 합성하거나 관현악단의 연주효과를 얻기 위해 컴퓨터를 이용하기도 한다.

◆ 가곡, 교향곡, 가요, 동요 등 전문 장르를 정해서 작곡하기도 하며
  과거 대가의 작품에 자신의 창작력을 결합하여 음악을 다시 구성하기도 한다.

출처: 커리어넷, 교육부

사랑에 마음 벅찬 날이면 우리는 내 이야기처럼 들리는 노래를 꼭 하나 발견하곤 하죠. "처음 사랑을 시작할 때의 설렘, 두근거림이 가사에 다 담겨있잖아! 멜로디는 어쩜 저렇게 잘 어우러지지? 저 노래, 완전 내 마음 같아!" 하고 감격하기도 하죠. 어쩌면 '어떤 사람들이 이런 가사와 곡을 썼을까?', '나도 한번 이런 노래를 만들어 보고 싶다'라고 생각했을지도 모르겠습니다.

작곡가는 사람들의 마음을 가사와 멜로디로 표현하기 위해 노력하는 사람이에요. 멜로디만 만들기도 하고(작곡) 곡에 어울리는 가사까지 붙이기도 해요(작사). 곡을 더 듣기 좋게 편집하기도 하죠(편곡).

작곡의 경우, 과거에는 머릿속에 떠오른 악상을 실물 악기로 연주해 보고 악보에 그리는 방식으로 작업이 이뤄졌어요. 현재는 대부분 컴퓨터를 활용합니다.

작사 작업은 이미 작곡된 음악을 듣고 진행되는 일이 많지만, 경우에 따라 선행되는 때도 있습니다. 가요의 작사는 수필이나 시를 쓰는 것과는 달라요. 곡에는 반복되는 리듬과 절정부분이 있고, 특히 랩의 경우에는 일정한 글자 수와 유사한 발음이 연속적으로 나오는 법칙인 '라임(rhyme)'이 있기 때문이죠.

여기서 잠깐 : 작곡 · 작사 · 편곡

작곡은 지을 작(作)과 노래 곡(曲)을 합한 단어입니다. 보컬이 있는 노래를 기준으로 보았을 때 노래에서 보컬을 빼고 악기들이 연주할 선율을 만드는 작업이죠.

작사는 지을 작(作)에 글 사(詞)를 더한 단어입니다. 단어의 뜻 그대로 가사를 만드는 일을 말해요. '작사가'는 작곡가가 작곡한 노래의 주선율에 잘 어울리는 노랫말을 만드는 작업을 하는 사람입니다. 물론, 보컬이 있는 음악 작품에 필요한 작업입니다.

편곡은 엮을 편(編)과 노래 곡(曲)으로 이뤄진 단어입니다. 흔히 기존 곡의 분위기나 스타일을 바꾸는 일로 알려져 있지만, 이는 오해입니다. 작곡이 주선율을 만들어 음악의 멜로디를 만드는 작업이라면, 편곡은 멜로디를 뒷받침해주는 부분인 반주, 부선율, 코러스 등을 만드는 작업입니다. 때문에 편곡을 '반주를 만드는 작업'이라고 말하기도 합니다.
편곡은 '재편곡' 혹은 '리메이크'와 혼동해 사용되곤 합니다. 예를 들어 <나는 가수다>, <불후의 명곡> 등 TV음악 경연 프로그램에서 "기존 곡을 편곡했다"라고 할 때, 이는 재편곡이나 리메이크에 가깝습니다.

작곡가의 자격 요건

─────○── 어떤 특성을 가진 사람들에게 적합할까? ──○─────

- 작곡가는 음악적 재능과 창의적으로 멜로디와 리듬을 만드는 능력이 필요하며, 화성의 진행이나 악기들의 음색 등을 파악하고 표현할 수 있는 능력을 갖추어야 한다.
- 끊임없는 연습과 노력을 할 수 있는 끈기와 인내심이 있어야 한다.
- 예술형과 탐구형의 흥미를 가진 사람에게 적합하며, 독립성, 성취, 인내심 등의 성격을 가진 사람들에게 유리하다.

출처: 한국직업능력개발원 커리이넷

작곡가와 관련된 특성

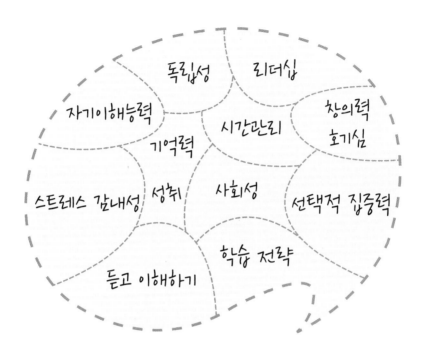

독립성
리더십
자기이해능력
창의력
호기심
시간관리
기억력
스트레스 감내성 성취 사회성 선택적 집중력
학습 전략
듣고 이해하기

 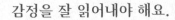

톡(Talk)!
윤선하

감정을 잘 읽어내야 해요.

내가 듣기에 좋은 노래를 만들어 내는 것으로 시작하지만 결국 다른 사람이 듣기에도 좋은 곡을 만들 줄 알아야 작곡가라고 생각합니다. 그런 곡을 만들어 내기 위해서는 성실하게 다작을 해서 본인이 가장 잘하는 스타일을 알아내야 해요. 그 과정에서 끈기 있게 계속 나아가는 꾸준함이 필요하고요.

또, 감정을 그냥 넘기지 않는 섬세한 관찰력도 있어야 해요. 영화도 많이 보고, 책도 많이 읽어야 합니다.

대인관계 능력도 중요한데, 음악을 하다 보면 필연적으로 타인과 협업을 하게 되거든요. 작곡을 내가 하더라도 연주는 연주자가, 노래는 가수가 하니까요. 다른 사람들의 마음을 움직일 줄 아는, 함께 일을 하고 싶은 사람이 되어야 하겠죠? 마지막으로는 자신에 대한 믿음이 중요해요. 남들이 아무리 이런 스타일이 좋다고 해도 내가 가장 잘하고 내가 잘 표현할 수 있는 곡을 만들어내는 것이 중요합니다. 조언을 듣는 것은 매우 중요한 일이지만 자신의 색깔 없이 휘둘리기만 한다면 좋은 곡이 탄생하지 않아요.

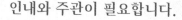

톡(Talk)!
이율구

인내와 주관이 필요합니다.

흔히들 작곡을 시작하자마자 성공하는 경우가 있을 거라 생각하는데, 그런 건 없어요. 대단한 작곡가들도 대작이 탄생하기까지 정말 수많은 과정을 겪어내요. 뚝심있게 자신의 스타일을 찾아서 가야 합니다. 또, 중간에 마음이 변하거나 유행만을 따르기 시작한다면, 이도 저도 아닌 아류작 밖에 나오지 않아요. 새로운 장르에 도전하더라도 그 장르에 관해 탐구자의 자세로 깊게 알아보면서 내 스타일로 재해석해야 합니다. 그런 음악적인 주관이 필요해요. 인기있는 곡을 따라가야 최고가 되는 것이 아녜요. 내가 내 주관대로, 장르를 잘 소화해서 만든 곡을 사람들이 찾기 시작하면, 그게 대중적인 곡이 됩니다.

톡(Talk)!
서기준

동료들에게 관심을 가져야 해요.

음악 분야는 여러 사람이 함께 일하는 경우가 많아요. 그렇다보니 사회성이 매우 중요합니다. 함께있고 싶은 사람이어야 더 많은 일을 해낼 수 있어요. 그리고 음악에 대해서 좋아하는 것 이상, '음악 덕후'가 되어야 한다고 생각해요. 방송인 김구라 씨가 방송에서 "어 그 PD 얼마 전에 OO로 신혼여행 갔다 왔지?", "그 PD OO동 살지?" 이런 말을 하는 걸 자주 들을 수 있는데요, 작곡가 또한 음악에 관한 관심 이외에도 함께하는 동료들의 근황까지 섭렵해야, 작곡을 할 때도 곡을 받는 가수가 어떤 가수인지, 어떤 장르가 잘 어울리는지 사전 정보를 가지고 작업을 할 수 있어요. 아무것도 모르는 상태로 작곡을 하는 것 보다 당연히 훨씬 더 좋은 곡이 나올 수 있습니다.

타고난 재능보다는 끈기와 노력이 필요해요.

연주자나 가수에게는 천재적인 재능이 필요하다고 생각해요. 연습을 통해 고음을 내더라도 기본적으로 가진 목소리가 듣기 싫다면 노력을 하고도 가수로서는 성공하기 힘들잖아요. 그에 비해 작곡가는 타고난 재능보다 끈기와 노력이 중요합니다. 제가 가르치는 학생들이 몇 있는데, 그 중에 '음악천재다'라고 생각이 들 만큼 재능을 가진 학생들이 종종 있어요. 그런데 시간이 지나고 보면 재능 있는 아이가 반드시 큰 성장을 하지는 않습니다. 평범한 아이들이 노력해서 뛰어넘는 경우가 많아요. '모든 작곡가'가 그렇다고 단정 짓기는 힘들지만 대중음악 분야에서는 대개 노력하는 작곡가가 살아남습니다.

내 속에 있는 생각들을 잘 표현할 줄 알아야 해요.

작곡에 있어 중요한 능력은 표현력입니다. 아무리 좋은 생각들이 있어도 표현력이 떨어지면 들려줄 수가 없습니다. 표현력을 높일 수 있는 방법을 한 가지 소개하자면, 악보를 보지 않고 느낌대로 연주해 보는 것이 도움이 됩니다. 악보에 과하게 의존을 하는 경우가 많아요. 이론도 물론 중요합니다. 그러나 이론에 너무 묶여 있으면 즐기지를 못해요. 음악을 이론으로 다가가기보다는 틀려도 괜찮으니 자유롭게 즐겨 보세요. 그러다 보면 나만의 스타일도 생기고 내 속에 있는 것들을 표현해내기가 한결 편안해질 거예요. 즐기는 사람을 이길 수 없습니다.

톡(Talk)!
김혜인

기록하는 습관이 필요해요.

저는 길을 걷다가도, 버스 안에서도 심지어 밥을 먹다가도 영감이 떠오르면 녹음을 해요. 절대 잊어버리지 않을 것 같던 멜로디도 시간이 지나고 생각해내려고 하면 기억이 안나는 경우가 많거든요. 언제든 영감이 떠오르면 바로 녹음기를 켜고 녹음을 하는 습관이 있습니다.

음악 센스와 감각도 필요해요. 장르 등 조건이 미리 주어진 작곡을 해내야 할 때 그에 맞는 곡 스타일을 만들어내는 능력이 필요합니다. 이런 센스는 많은 경험에서 나와요. 다양한 음악을 듣고, 영화도 많이 보고, 여행도 많이 다녀야 하죠. 경험에서 오는 감각들이 나중에 고스란히 음악적인 센스로 발현이 된다고 생각합니다. 저는 영상음악을 하다보니 영상을 보면서 어떤 분위기로 작곡을 해야 하나 고민을 많이 하게 되는데, 가장 쉬운 방법은 비슷한 영상들을 떠올리거나 어울릴 만한 기존 곡을 들어보는 거예요. 이런 경험이 축적되면 영상에 어울리는 곡을 작곡하는 감각이 생겨납니다.

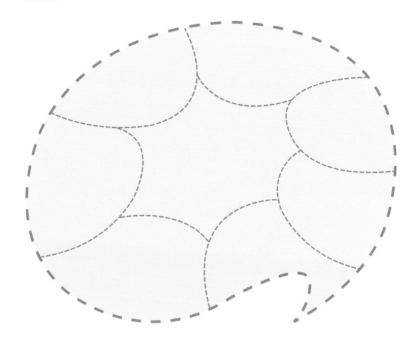

내가 생각하고 있는 작곡가의
자격 요건을 적어 보세요!

작곡가의 좋은 점·힘든 점

톡(Talk)!
이율구

| 좋은 점 |

소중한 사람들을 위해 노래 할 수 있습니다.

각 세대에 필요로 하는 음악들이 있습니다. 제가 40대 중반인데 아직 첫사랑을 잊지 못해서 첫사랑에 대한 곡을 쓴다면 20대가 쓴 곡보다 더 잘 표현 할 수 있을까요? 반대로 가장으로서 가족을 위한 노래를 쓰는 것은 20대의 작곡가보다 제가 잘 표현 할 수 있겠지요. 가족들을 위한 노래를 만들고 그 노래를 아이들과 자주 듣습니다. 작곡가로서 가장 행복한 순간 중 하나입니다.

톡(Talk)!
윤선하

| 좋은 점 |

다양한 분야의 아티스트들을 만나볼 수 있어요.

평소 관심이 있던 분야의 아티스트들을 팬의 입장이 아닌 동료로서 만난다는 것이 좋은 점입니다. 꾸준하게 관심을 가지고 있던 사람들과 만나서 대화를 하고 함께 작업을 하는 일은 음악을 하는 사람으로서 그 어떤 것보다 짜릿한 경험이 아닐까 생각해요. 정말 팬이었던 가수나 작곡가 또는 음악감독님들과 어떠한 목표를 향해 함께 고민을 하는 경험은 정말 행복한 일입니다.

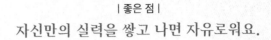

톡(Talk)!
미친감성

| 좋은 점 |
자신만의 실력을 쌓고 나면 자유로워요.

프로 작곡가가 되기 전까지는 정말 뼈를 깎는 노력이 필요합니다. 여행은 물론 친구를 만날 시간도 없죠. 그러나 어느 정도 인정을 받는 작곡가가 되면 일반 직장인들에 비해 시간을 자유롭게 쓸 수 있어요.

톡(Talk)!
박형준

| 좋은 점 |
나만의 창의성을 가지고 일을 합니다.

내 안에 있는 창의성만을 가지고 일을 할 수 있다는 게 장점이에요. 무슨 재료가 필요한 게 아니고, 내 능력만 있다면 언제든 어디서든 결과물을 만들어낼 수 있다는 게 가장 큰 장점입니다. 그렇다고 누구나 할 수 있는 일은 아니라고 생각해요. 대체 불가능한 작곡가가 된다는 것은 정말 행복한 일입니다.

톡(Talk)!
서기준

| 좋은 점 |
시간을 자유롭게 쓸 수 있습니다.

직장인에 비해 시간을 자유롭게 쓸 수 있어요. 아침 잠이 많아 늦잠을 포기할 수 없다면 정말 큰 장점이 되겠네요. 저는 여행을 좋아하기 때문에 비수기에 여행을 갈 수 있다는 점이 가장 행복합니다.

톡(Talk)!
김혜인

| 좋은 점 |
내가 가장 사랑하는 것을 일로 할 수 있다는 점입니다.

저는 음악 듣는 것을 가장 좋아해요. 어릴 적부터 음악을 좋아했어요. 좋아하는 것을 일로 하니 직업에 대한 만족도가 높습니다.

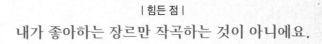

톡(Talk)!
박형준

| 힘든 점 |
내가 좋아하는 장르만 작곡하는 것이 아니에요.

내가 원하는 음악만을 할 수 없어요. 대중들이 좋아하는 상업적인 음악을 해야 어느 정도 수익이 생겨요. 돈을 버느냐 내가 추구하는 음악 스타일을 고집하느냐는 음악을 하는 모든 사람들의 고민이라고 생각합니다.

톡(Talk)!
미친감성

| 힘든 점 |
오래 앉아있는 사람이 승자 입니다.

안정적인 작곡가가 되기까지 정말 많은 시간을 작업실에서 보냅니다. 그러다보면 인간관계가 좁아집니다. 또, 음악을 하는 사람 중에 올빼미들이 많아요. 낮에 자고 밤에 일을 하는 생태계다보니 생활패턴이 모두 좋지 않죠. 건강이 걱정입니다.

톡(Talk)!
윤선하

| 힘든 점 |
아이디어가 없는데 창작을 해내야 할 때 힘들어요.

마감이 코 앞에 다가오면 정말 큰 압박감을 느낍니다. 혼자서 작곡 일을 할 때보다 팀을 이뤄서 작곡을 할 때 더 그래요. 사실 어떠한 동기에서 자연스럽게 진행이 되어야 좋은 곡이 나오는데, 몸도 마음도 너무 힘들고 아이디어는 고갈된 상황 속에서도 창작을 해내야 한다는 것이 힘듭니다.

톡(Talk)!
김혜인

| 힘든 점 |
가장 사랑하는 것을 일로서 해야 합니다

음악을 정말, 가장 사랑하지만, 마감시간을 두고 타인의 마음에 드는 결과물을 내기 위해 고민하고 시달리면서 능력을 짜내야 하는 과정이 가끔씩은 고통스럽습니다.

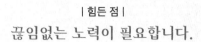

톡(Talk)!
이율구

| 힘든 점 |
끊임없는 노력이 필요합니다.

작곡가가 되고자 공부할 때는 노래를 만드는 일 자체가 정말 즐거웠던 것 같아요. 처음에는 제가 굉장히 유명해질 거라고 생각했습니다. 막상 작곡가가 되고 나니 현실적인 고민들이 생기기 시작해요. 누군가가 나를 책임져 주지 않습니다. 그렇기 때문에 좋은 곡을 써내서 나를 알려야 한다는 압박감이 들죠. 정말 음악을 좋아하던 내가 음악을 '일로서 하고 있구나' 느낄 때가 가장 힘든 순간이에요. 이걸 이겨내는 노력을 꾸준히 해야 합니다

톡(Talk)!
서기준

| 힘든 점 |
커리어가 쌓이기 전까지는 힘들어요.

프리랜서로 시작을 하다보니 어느 정도 인지도가 쌓이기 전까지는 정해진 월급이 있는 것이 아니기 때문에 늘 불안한 마음으로 살아갑니다. 정형화 된 길이 있는 것이 아니기 때문에 막막할 때도 있어요.

작곡가가 되는 과정

1 작곡가가 되는 길

작곡가는 특별한 학력이나 자격증이 필요한 분야가 아닙니다. 누구나 음악적 재능이 뛰어나다면, 혹은 음악에 애정을 가지고 노력한다면, 좋은 작곡가가 될 수 있습니다.

- 음악적 재능을 키우기 위해서는 대학의 실용음악과나 음악대학 또는 실용음악 사설학원 등에서 교육을 받는 것이 좋습니다. 인상깊은 가사를 쓰기 위해서 국어국문학과나 문예창작학과와 같은 전공을 준비해보는 것도 도움이 됩니다.

- 작곡의 기반이 되는 감정을 얻기 위해 많은 책을 읽고 여러 분야를 경험해보는 일이 중요합니다.

- 작곡가라면 악기 하나 정도는 능숙하게 다룰 수 있어야 작업에 수월하겠죠? 또, 화성, 청음(음을 듣고 어떤 음인지 아는 능력), 시창(악보를 보고 그 음을 정확하게 목소리로 낼 수 있는 능력) 및 작곡에 관한 이론과 실기에 관한 지식들도 필요합니다.

- 특히 편곡을 하기 위해서는 다양한 악기에 관한 지식이 필요합니다. 또, 가수의 음역, 음성, 특기 등 역시 파악하고 있어야 하며, 어느 정도 녹음에 관한 지식도 필요합니다.

- 최근에는 대부분 컴퓨터로 작곡이 이루어지고 있기 때문에, 관련 소프트웨어들도 알아두면 좋겠지요?

작곡은 이처럼 많은 지식들이 총 집합되어 하나로 어우러지는 '종합 예술' 분야입니다. 물론 예외로 아무런 음악지식 없이 흥얼거림으로만 작곡을 하는 작곡가도 있고, 어플을 통해서 작곡을 하는 사람도 있습니다. 따라서 자신이 어떤 음악을 추구하는지 잘 파악한 후에 자신에게 잘 어울리는 공부를 하는 것이 중요합니다.

2 작곡가들은 어떤 곡을 썼을까?

작곡가들의 주요 활동

이율구 음악감독

> **공연 참여**
>
> <변기통>, <물탱크 정류장>, <2014 유망 예술인 초청공연 연극 - 닫힌문>, <런닝맨2>,
> <연옥 - 리빙 인 더 패스트>, <아버지>, <인간동물원초>, <조치원 해문이>, <고사>, <두근두근 내사랑>

> **음악극**
>
> <목련을 기억하다>

> **작사·작곡**
>
> 나윤권 <나는 사랑한다>

> **작곡**
>
> 별 <그대 닮은 별>

윤선하 송라이터

> **송라이팅**
>
> <외롭지 않은 여행>, <유난히 밝은 오늘 밤>, <너를 참 많이 좋아하는구나>, <그대는 봄인가>, <꽃>, <또 다른 말
> 이 필요하지 않아요>, <위로>, <바람>, <이별>, <지난겨울>, <마음의 모양>, <당연하지 않은 것들>, <바다, 바람>

미친감성 작곡가

> **작사·작곡·편곡**
>
> 먼데이키즈 <첫눈 오던 밤>, 먼데이키즈 <YOU & I>, 먼데이키즈 <확률>, 포커즈 <No.1>, 환희 <가지마>,
> 슈퍼주니어 <거울>, 천상지희 <그 사람... 욕하지 마요>, 전혜빈 <CLUB>, 플라이 투 더 스카이 <심장>

> **작곡·편곡**
>
> 브라운아이드걸스 <신의 입자>, 인피니트 <마주보며
> 서 있어>, 가인 <Guilty>, 써니힐 <지우다>, 휘성 <모르
> 고 싶다>, 휘성 <노래가 좋아>, 먼데이키즈 <가슴시린
> 날>, 빅마마 <사랑 날개를 달다>

> **작사·작곡**
>
> 환희 <죽을것만 같아>, 슈퍼주니어 <마주치지 말자>,
> 슈퍼주니어 < 이별 넌 쉽니>, 플라이 투 더 스카이 <온
> 음표>, 이루 <마네킹>

> **작곡**
>
> 솔지 <사랑했던 날>, 엠씨 더 맥스 <그 남잔 말야>

> **작사**
>
> 플라이 투 더 스카이 <눈물아 미안해>

작곡가들의 주요 활동

서기준 작곡가

작사·작곡·편곡
예성 <겨울잠>, 틴탑 <그런날>, 크래용팝 <TooMuch>, 정인 <사실은 내가>

작곡·편곡
케이윌 <내게와줘서>

편곡·프로듀싱
앤츠 <예쁜너니깐>

편곡
악동뮤지션 <오랜날 오랜밤>

곡편곡
악동뮤지션 <Give Love>

박형준 작곡가

광고 음악
<아버지는 말하셨지 인생을 즐겨라!>, <Imagine, That's Reality>(평창 패럴림픽 공식응원가), <SRT 로고송>
삼성, LG, 현대자동차, 기아자동차 등 1000여 편의 광고음악 작곡 및 편곡

영화 예고편 음악
<빵반>, <공조>, <차이나타운>, <검사외전>,
<탐정 홍길동 : 사라진 마을>, <꾼> 등

게임 음악
<버블파이터>, <스페셜포스> 등

김혜인 작곡가

광고 음악
프리마베라 광고 수록 <초속 5cm>, 쏘내추럴 광고 수록 진하의 <이젠>, <괜찮아>, 디오스, 라네즈,
현대카드 광고음악 등

드라마
인도네시아 모바일드라마 <LINE Story: Nic & Mar>의
사운드트랙 <When You Are Near>

게임 음악
<라인 버블2>, <LINE CHEF> 뮤직프로듀싱 및 작곡

작곡가 종사 현황

출처: 2018년 한국직업정보 재직자조사

◆ 학력 분포

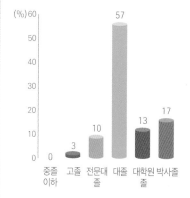

(%)
- 중졸 이하: 0
- 고졸: 3
- 전문대졸: 10
- 대졸: 57
- 대학원졸: 13
- 박사졸: 17

◆ 전공학과 분포

(%)
- 인문계열: 3
- 사회계열: 3
- 교육계열: 0
- 공학계열: 10
- 자연계열: 0
- 의학계열: 0
- 예체능계열: 83

◆ 임금(단위: 만 원)

- 하위 25%: 1,946
- 평균 50%: 2,896
- 상위 25%: 5,189

◆ 직업만족도

* 직업만족도는 해당 직업의 일자리 증가 가능성, 발전가능성 및 고용안전에 대해 재직자가 느끼는 생각을 종합하여 100점 만점으로 환산한 값입니다.

작곡가에 대한 직업 만족도는

78.7%(백점기준)입니다.

작곡가의 교육 부문을 보면 대졸자 이상이 87%, 예체능계열이 83%를 차지하고 있다. 작곡은 학력과 무관하지만, 여러 분야의 협업으로 이루어지기 때문에 관현악, 기악, 성악, 피아노 등에 악기에 대한 기본 지식을 가지고 있는 것이 유리하다. 또, 서양 음악을 많이 다루게 되고 가곡이나 오페라 뮤지컬이 대부분 유럽에서 발달하였기 때문에 프랑스어 독일어 이탈리아어 영어 등의 외국어 실력을 가지고 있으면 활동에 도움이 된다.

CHAPTER |2|

작곡가의

생생
경험담

미리 보는 작곡가들의 커리어패스

 음악감독 **이율구**   서울시립대학교
음악학과 학사   한국예술종합학교
음악극창작과 석사

 송라이터 **윤선하**   백석대학교 실용음악과
작곡 전공   >   백석대학원
실용음악과 작곡 전공

 작곡가 **미친감성**   2002 SBS NET 가요제 3위   >   YMC엔터테인먼트
프로듀서

 작곡가 **박형준**   서울시립대학교
음악학과 졸업   2004년 광고음악감독
입문

 작곡가 **서기준**   미국 Berklee college of music   전)KC대학교 강사

 작곡가 **김혜인**   경기대학교 예술대학 영상/전
자디지털음악복수전공   연세대학교 영상음악원
영상음악전문가과정 이수

극단 신세계 음악감독

동네음악사 대표

윤선하 정규앨범, EP,
싱글앨범 11장 발매

2016 원데이원송
<하반기 Best 스트리밍 top20>,
<Best Female Artists 트랙 20> 선정

한국음악저작권협회 정회원

감성사운드 대표

CODA 대표

RHOONART 프로듀서

전)동아방송대학교 강사
전)강동대학교 강사

강남인디레코드 대표

러브아일랜드레코드 음악감독

㈜라인플러스 Music Director

어릴 적부터 음악을 무척이나 좋아했다. 음악이 좋아서 악기 연주와 작곡을 통해 자신의 감정을 표현하고 싶었던 청년은 중년이 된 지금도 여전히 음악감독, 작곡가로서 세상에 영향력을 주는 음악을 만들고 있다.

프리랜서 특성상 안정적이지 않은 삶이 처음엔 두렵기도 했지만 음악을 사랑하는 마음으로 자리를 지키다 보니 이제는 불확실한 미래가 어떤 경험들로 채워질까 기대가 된다.

음악을 시작하는 어린 꿈나무에게 조금이라도 편한 환경에서 음악만을 추구하며 살 수 있는 환경을 만들어 주고 싶다. 또, 이 시대에 자신만이 가장 잘 표현할 수 있는 음악을 하는 작곡가들이 많아지길 기대한다.

음악감독
이율구

- 동네음악사 대표
- 극단 신세계 음악감독
- 작곡가, 음악감독
- 서울시립대학교 음악학과 학사
- 한국예술종합학교 음악극창작과 석사

작곡가의 스케줄

이율구
작곡가의
하루

21:00 ~ 01:00
▸ 개인 음악 작업
▸ 취침

06:00 ~ 07:00
▸ 출근 준비
08:30 ~ 12:30
▸ 오전 대학 강의
  및 레슨

20:00 ~ 21:00
▸ 가족과의 시간
▸ 휴식

12:30 ~ 13:00
▸ 점심 식사

18:00 ~ 18:30
▸ 저녁 식사
19:00 ~ 20:00
▸ 다음 날 수업준비

13:00 ~ 18:00
▸ 오후 레슨

음악을 즐기던
학창시절,
음악이
꿈이 되다.

▶ 초등학교 3학년 시절 피아노 연습 중

▶ 초등학교 5학년 합주단 시절

▶ 중학교 2학년 교회 행사연주

Question 학창 시절에는 어떤 학생이었나요?

가정환경은 정말 교과서에 나오는 가족들처럼 화목했습니다. 부모님과 누나 둘, 할머니까지 여섯 식구가 모난 곳 없이 잘 지내왔던 기억이 있어요 아버지는 외국어 학원의 원장님이셨어요. 덕분에 학원에서 영어를 공부할 수 있었죠. 성적은 중상위권 학생이었습니다.

저는 크리스천입니다. 어릴적부터 교회를 열심히 다녔어요. 교회에서는 형, 누나, 동생들과 잘 지내고 모든 행사에 꼬박 참여하는 학생이었어요. 교회에서 하는 행사는 어린이 성가대부터 촌극이나 공연까지 무조건 참여했습니다. 이런 경험들로 음악에 관해 조금 더 관심을 가지게 된 것 같아요

학창시절 성적은 늘 중상위권을 유지했습니다. 공부를 못하지는 않았는데요, 고등학교 1학년이 되면서 음악을 하고자 마음을 먹고 레슨을 받은 후로는 성적이 조금 떨어졌어요.

부모님과 선생님 말씀에 순종하고 친구들과 잘 어울리는 착한 학생이었습니다. 되돌아보니 저는 정말 행복한 환경을 선물 받았었네요.

Question 학창시절의 장래희망은 무엇이었습니까?

아주 어릴 때부터 음악과 관련된 활동을 해왔던 것 같아요. 그러다 보니, 자연스럽게 음악을 해야겠다는 생각도 들었습니다. 물론, 작곡가가 되어야겠다는 확연한 방향은 아니었지만, 큰 틀에서 보자면 음악을 하는 것이 즐겁고 나와 가장 잘 어울리는 일이라고 생각했던 것 같아요. 그 당시에는 악기 연주를 해야겠다고 생각했었어요. 클래식 기타리스트나 드러머가 되고 싶었죠. 부모님께서 제가 어떤 직업인이 되길 바라시진 않았어요. 제가 하고 싶은 일을 지지해주시는 편이었는데, 부모님께 처음 음악을 해야겠다는 이야기를 했을 때도 자연스럽게 이해해주셨어요. 부모님도 어느 정도 예상은 하고 계셨던 것 같아요. 부모님의 반대는 없었지만, 가정형편이 좋지는 않았기 때문에 신중하게 결정하라고 이야기하셨어요. 음악을 전공하는 것에 있어서 레슨비나 교육비에 대한 부담이 있

으니 단순 흥미로 가볍게 시작했다가 그만둘까 봐 걱정이 되셨던 것 같아요. 그래도 지금 와서 보면, 다행히 진로를 선택 하는 것에 있어서 부모님과의 대립상황 없이 순탄했네요.

Question 학창시절의 장래희망은 무엇이었습니까?

아주 어릴 때부터 음악과 관련된 활동을 해왔던 것 같아요. 그러다 보니, 자연스럽게 음악을 해야겠다는 생각도 들었습니다. 물론, 작곡가가 되어야겠다는 확연한 방향은 아니었지만, 큰 틀에서 보자면 음악을 하는 것이 즐겁고 나와 가장 잘 어울리는 일이라고 생각했던 것 같아요. 그 당시에는 악기 연주를 해야겠다고 생각했었어요. 클래식 기타리스트나 드러머가 되고 싶었죠. 부모님께서 제가 어떤 직업인이 되길 바라시진 않았어요. 제가 하고 싶은 일을 지지해주시는 편이었는데, 부모님께 처음 음악을 해야겠다는 이야기를 했을 때도 자연스럽게 이해해주셨어요. 부모님도 어느 정도 예상은 하고 계셨던 것 같아요. 부모님의 반대는 없었지만, 가정형편이 좋지는 않았기 때문에 신중하게 결정하라고 이야기하셨어요. 음악을 전공하는 것에 있어서 레슨비나 교육비에 대한 부담이 있으니 단순 흥미로 가볍게 시작했다가 그만둘까 봐 걱정이 되셨던 것 같아요. 그래도 지금 와서 보면, 다행히 진로를 선택 하는 것에 있어서 부모님과의 대립상황 없이 순탄했네요.

Question 진로를 선택하는 데 영향을 미친 어릴 적 경험이 있나요?

초등학교 시절 아버지가 '유재하' 님의 테이프를 사 오셨어요. 정말 깜짝 놀랄 만한 노래들이었습니다. 그 당시까지 그런 발라드 음악이 나온 적이 없었어요. 음악은 잘 몰랐지만, 이 노래들이 세련됐다는 것은 알았어요. 1집 수록곡은 그중 어떤 노래가 가장 좋다고 말할 수 없을 정도로 모든 곡이 좋아요. 가사도 좋고 멜로디도 좋았어요. 들을수록 빠져드는 듯한, 저에게는 정말 충격적인 노래들이었어요. 수도 없이 테이프를 돌렸던 기억이 생생합니다. 교회에서 형들이 드럼을 연주하는 모습을 동경했던 것도 기억이 나네요.

Question 대학교 진학 시 계열 및 전공 선택은 어떻게 결정하셨나요?

저는 고등학교 1학년 때 음악으로 진로를 결정했어요. 고등학교는 일반 고등학교로 진학한 후였습니다. 제가 나온 고등학교는 예체능 계열이 없는 고등학교였어요. 담임 선생님과의 상담 시간에 예체능반을 신설해주실 것을 부탁드렸어요. 담임 선생님께서는 정말 감사하게도 40명을 모아오면 개설해주겠다고 하셨습니다. 예체능반이 개설되면 4교시까지 수업을 하고 하교 후 각자 레슨이나 실기 준비를 할 수 있도록 배려해주시겠다고 하셨어요.

그날부터 온 학교를 다 뒤져가며 예체능을 꿈꾸는 친구들을 찾아 나섰어요. 이야기를 안 해본 친구가 없을 정도로 찾고 또 찾았습니다. 미술 하고 싶은 친구, 체육 하고 싶은 친구들 전부 다 모아보아도 40명을 모을 수 없었어요. 결국, 예체능반은 만들지 못했지만 담임 선생님의 승인 하에 개별적으로 4교시까지 수업을 듣고 하교하는 것을 허락받았습니다. 방과 후에는 개인 레슨을 받았어요. 학원은 따로 다니지 않았습니다. 그렇게 담임 선생님의 배려로 무사히 일반 고등학교에서 예체능을 준비할 수 있었습니다.

대학 전공 선택은 우선 작곡과가 개설되어 있는 학교를 중점적으로 찾아봤어요. 종합

대학 중 음악대학이 있는 학교 또는 '음악학과', '예술학과'라는 이름의 학부가 있는 학교로요. 학부 안에서 다시 세부전공이 나뉩니다. 작곡 전공이 있는 여러 학교를 알아보던 중 서울시립대학교에 진학하게 되었습니다. 당시 서울시립대학교는 음악학과 정원 30명 중 작곡전공이 4명이었어요.

Question 학창시절 참여한 교내·외 활동을 소개해주세요

학창시절 활동 중 밴드부 활동을 했던 것이 기억에 남아요. 처음 음악에 호기심이 생긴 것은 교회에서 드럼을 치던 형들을 보고서였어요. 동경이 생겼던 것 같아요. 그래서 나도 악기를 다뤄 보아야겠다는 생각에 밴드부 활동을 시작했습니다. 교내 정식 동아리는 아니었고, 친한 친구들끼리 모여 결성한 부였어요.

친구들과 가장 처음 고민한 것은 우리를 가장 잘 나타낼 수 있는 멋진 이름을 짓는 것이었습니다. 그렇게 고민 끝에 '이카루스'라는 이름으로 활동을 시작했어요. '이카루스'는 전설 속의 새 이름이에요. 지금 생각해보니 조금 부끄럽습니다.

그 당시 합주하던 곡은 자작곡은 아니였구요, 주로 에릭 클랩튼이나 스키드 로우, 본 조비 같은 소위 'LA 메탈'이라고 불리는 곡이었어요. 전주만 들어도 딱 알 수 있는 그런 강렬한 음악이 당시 유행했었습니다.

그때는 '밴드부'라고 하면 주위의 시선이 곱지는 않았어요. 불량한 학생들이 모여서 노는 곳으로 인식되던 시절이니까요. 이런 시선에도 정말 멋진 밴드의 곡을 우리가 연주해보고 싶다는 설렘에 시작했던 것 같아요. 팀원들 모두 우리가 정말 멋있는 음악을 한다는 자부심이 있었습니다. 이렇게 밴드부 활동을 하면서 주말에는 교회에서 성가대로 합창활동을 했었어요. 성가 음악으로 거룩한 하루를 보내고 나면 다음 날은 강렬한 메탈 음악으로, 장르를 오가며 활동했던 것이 재미있었던 기억이 있습니다.

예의 친구들과의 밴드부 활동이 도움이 많이 되었어요. 기존 곡을 카피하고 연주하는 일이 쉽지는 않았습니다. 만약 누가 시켜서 하는 거라면 못했을 것 같아요. 원곡 가수와 똑같이, 멋지게 노래하고 연주해내고 싶은 마음이 컸고, 그래서 그런 힘들고 손이 많이 가는 작업을 계속할 수 있었던 것 같습니다.

그런 시간을 지나다 보니, 어느 순간 음악적인 감각이 늘어났습니다. 멜로디의 강약이나 길고 짧음을 구분하고, 우리 음악에서도 그루브가 들리기 시작하니까 정말 신나고 즐거웠어요. 그런 과정을 통해 음악적으로 많이 성장했습니다.

공부를 잘해야 작곡을 잘하는 것은 아닙니다. 성적과 작곡은 별개라고 생각해요, 그런데 이렇게 이야기하면 '공부를 안 해도 되겠구나' 생각하는 친구가 있겠죠?

성적의 중요도는 '대학'을 가느냐 마느냐에 있어요. 대학에 진학하기 위해서는 대학에서 요구하는 조건을 맞춰야 하니까요. 물론, 요즘 입시는 많이 바뀌어서 성적 대신 온전히 실기만 보는 학교도 많이 있어요. 그래도 모든 학교는 아니니까 어느 정도 대학의 요구에 맞는 정도의 공부는 해야겠죠?

물론, 꼭 대학을 가야 좋은 작곡가가 되는 것은 아니에요. 우선, 자신이 음악을 통해 어떤 일을 하고 싶은지 고민해 보는 것이 중요합니다. 대학 교육을 통해 음악 이론을 파고들고 싶은 사람이라면 대학 진학이 필수겠지요? 작곡을 하는 그 자체가 즐겁고 음악적 재능이 뛰어나다면 작곡을 배우지 않고도 작곡을 할 수 있어요. 제 주위에도 대학을 나오지 않고 좋은 곡을 만드는 작곡가들이 있습니다.

꿈을
이어나가게
도와준 고마운
사람들

▶ 고등학생 3학년 시절 아버지와 함께

▶ 군악대 시절 내무반에서

▶ 육군 복무 중 문선대 공연

Question

음악을 전공해야겠다고 결심하게 된 계기가 궁금합니다.

중학교 시절까지는 음악을 그저 취미생활 정도로 생각했었는데요, 진로 고민이 한창이던 고등학교 때 성악 전공을 준비하던 친구가 "넌 음악 안 할 거야?"라고 질문하더라고요. 그때부터 '나도 음악을 전공해 보면 어떨까' 생각하게 됐습니다. 그 친구의 친누나가 작곡 전공 대학생이었는데 그때쯤, 그 누나가 작곡을 해보는 것은 어떠냐고 권유해주셨어요. "작곡은 음악의 기본을 배울 수 있는 학문이라서 작곡가로 활동하다가 나중에 지휘자나 편곡자로도 이직할 수 있어"라고요. 그 조언으로 처음 작곡 공부를 시작했어요. 재미있는 인연인 게, 나중에 작곡을 전공하려 마음먹고 레슨을 부탁드린 선생님이 그 누나였어요. 동네 누나에서 레슨 선생님으로 만나게 됐는데, 정말 열정적인 분이었습니다. 한 번에 거의 네다섯 시간씩 정말 열심히 레슨해주셨던 기억이 납니다.

그때 배웠던 분야는 이래요. 작곡을 하는 방법에 관한 학문인 '작곡법'과 성부를 만드는 법인 '화성학', 그리고 처음 보는 악보를 보고 노래를 불러보거나 노래를 듣고 악보로 다시 적어보는 '시창청음'도 그때 배웠어요. 피아노 연주도요. 작곡의 기본이 되는 요소를 지도해 주시면서 항상 뛰어난 시범을 보여주셨는데 그런 모습을 보면서 '나도 해봐야겠다' 하는 도전정신이 생겨났던 것 같아요. 제가 작곡 전공을 결정하는 것에 있어서 그 성악도 친구 남매의 역할이 정말 컸네요.

Question 작곡가가 된 후 맡은 첫 업무에 관해 소개해주세요.

작곡가라는 직업이 어떠한 자격을 요하는 직업이 아니라서 작곡가로서 첫 업무를 짚기 어렵긴 한데요, 정해 보자면 작곡을 해서 처음으로 돈을 벌었을 때가 아닐까 생각합니다.

처음으로 돈을 벌었던 건 단편 영화에 들어가는 음악을 작곡했던 때였어요. <택시 드라이버>와 <여름 이야기>라는 제목의 영화였는데 한국예술종합학교 학생들과 함께 작업을 했습니다. 러닝타임이 10~15분 정도 되는 짧은 영화에 1분도 안 되는 곡이 3~4개 정도 들어갔습니다. 이 업무를 시작으로 연극이나 드라마에 들어가는 곡도 작업하기 시작했어요.

Question 아이디어 도출부터 작곡까지의 과정이 궁금해요.

작곡을 하는 방식은 작곡가마다 각양각색이에요. 위대한 작곡가의 경우에는 산이나 바다 같은 곳에서 영감을 얻어온다고 들었어요. 저는 '이미지'를 굉장히 중요하게 생각합니다. 이미지를 잘 연결해서 하나의 스토리로 엮어 곡을 써요.

예를 들어, 남녀의 이별을 곡에 담고 싶다면, 이별 과정에서 남자와 여자가 할 법한 대사, 그날의 상황과 날씨, 분위기를 상상하고 그때의 감정을 음악으로 풀어냅니다. 이미지는 상상일 수도 아닐 수도 있어요. 지금 나의 주변 상황일 수도 있고, 나의 추억일 수도 있죠. 영화를 보면서 떠오르기도 하고요.

이미지를 찾아내서 곡으로 엮는 방법을 조금 더 쉽게 이야기해볼게요. 친구와 전화통화 중 친구가 "너는 정말 좋은 친구야"라고 말했다고 생각해 봅시다. 이때 '좋은 친구란 뭘까?', '그 친구와 나의 관계는 어떻지?' 같은 질문이 생길 수 있겠죠? 더 나아가 친구의 목소리 톤이나 전화를 받던 내 주변의 분위기 등을 떠올리며 어땠는지 느껴볼 수도 있겠고요. 그때 생기는 감정의 색깔을 피아노의 화성으로 또는 기타의 코드로 표현해 냅니다.

내 감정을 잘 읽어내는 사람이 작곡을 하기에 유리하다고 생각해요. 모든 곡은 사람

이야기고 사람이 만들어 내는 것이니까요. 나와 타인의 감정, 사회 분위기 등 이미지를 잘 찾고 잘 해석하는 능력이 필요합니다. 저도 이런 감정을 잘 이해하고 잊지 않기 위해 정말 많은 노력을 합니다. 해시태그처럼 짧은 단어로 메모해 놓기도 하고 녹음을 하기도 합니다. 작곡가를 직업으로 선택하게 되면 영감을 얻는 일에 생계가 달리기 때문에 필사적으로 노력하고 있습니다. 곡에 대한 아이디어가 많을수록 작곡가로서 오래 살아남을 수 있는 것 같아요.

　작곡을 하는 저만의 방식을 한 가지 더 소개할게요. 막 작곡을 시작했을 때는 멜로디를 흥얼거리며 먼저 만들어 놓고 그다음에 가사를 썼는데요, 멜로디에 맞게 가사를 쓰려니까 제한이 생겨서 힘들었거든요. 지금은 먼저 가사를 정해놓고 나중에 멜로디를 붙이는 방식으로 스타일을 바꾸었어요. 이건 뮤지컬 곡을 작곡하면서 터득한 방식이에요. 뮤지컬은 대사가 있고 그 대사에 멜로디를 붙여야 하니까 가사가 먼저거든요. 가사가 정해지면, 어느 정도 음악의 분위기도 정해져요. 그렇기 때문에 음의 조화를 고민하면서 작업하다 보면, 더 완성도 있는 음악이 되더라고요.

WRITE YOUR OWN STORY

Question 작곡가라서 겪는 특이사항이 있나요?

작곡가는 프리랜서로 일하는 경우가 많습니다. 그렇기 때문에 주위에 인정을 받기 전까지는 정말 힘든 생활을 견뎌야 해요. 매일 열심히 시도하고 노력했는데도, 30살이 될 때까지는 경제적으로 도움이 되는 작업이 거의 없었어요. 늘 경제적으로 어려움을 겪었습니다. 아마 대부분의 작곡가가 어느 정도는 공감을 할 거예요. 정말이지 오래 견디는 사람이 살아남는 곳입니다. '돈을 벌지 못하더라도 내가 하고 싶은 음악을 계속하는 게 정말 옳은 선택일까?'라는 고민을 정말 꾸준하게 했어요. 수입이 없었기 때문에 작곡가로서 활동을 이어나가기 위해 아르바이트도 많이 했습니다. 서빙은 물론, 호텔 로비에서, 미사리 카페촌에서 연주도 하고 노래도 했었어요.

좋은 점도 있습니다. '자유로움'입니다. 어디서든 자유롭게, 정해진 기한 없이 하고 싶을 때 일을 할 수 있어요. 물론, 마감 기한이 있는 경우에는 일정에 맞춰야 해요. 다만, 이런 경우에도 하루의 스케줄은 내 마음껏 정할 수 있다는 거죠. 오전에 일을 하고 싶다면 오전에 일하고 오후는 다른 일정을 소화할 수 있어요. 지시에 따르기만 하는 업무를 싫어하는 사람에게는 좋은 직업이네요.

정말 음악이 좋아서, 노래를 만드는 그 자체가 즐거워서 시작한 공부였어요. 작곡가를 준비할 때는 제가 굉장히 유명해질 거라 생각했고요. 그런데 막상 작곡가로서 삶을 시작하고 나니 현실적인 고민이 생기기 시작했습니다.

누군가 나를 책임져 주지 않기 때문에 곡을 만들면서도 '내 곡을 누가 인정해줄까?' 하는 걱정이 생기더군요. 열심히 목소리를 내 보아도 허공에 외치는 것 같은, 허무한 순간들이 많았어요. 창작활동이라는 게 남에게 보여주기 위해 하는 것만은 아닌데, 남들에게 인정을 받으면서 스스로도 만족스러운 작곡 활동을 한다는 게 어떤 일인지, 작곡가를 준비할 때는 잘 모르고 있었던 것 같아요.

물론, 허무한 순간만큼 만족스러운 때도 많았어요. 누군가 내 곡을 듣고 인정해주면 행복한 마음이 길게 남습니다. 힘든 날들이 사르르 녹는 순간이죠. 대단한 인정이 아니어도 충분히 위안이 됩니다. "노래가 정말 좋아요"라는 짧은 댓글에도 작곡을 하는 보람을 느껴요.

타인의 응원만큼, 자신에 대한 믿음도 중요한 것 같아요. 자기 자신이 만든 곡을 자신조차 좋은 곡이라고 생각하지 않는다면, 힘든 순간들을 견뎌낼 수 있을까요? 저는 제가 작곡한 곡이 너무 좋거든요. 작곡가라면, 아니 창작물을 만들어내는 모든 직업인은 자신이 만든 작품에 대한 애정이 있어야 한다고 생각해요. 그래야 남들도 사랑해줄 수 있으니까요.

<쇼미더머니>나 <슈퍼스타 K>, <K팝스타>같은 오디션 프로그램이 인기인데요, 작곡을 다루는 오디션 프로그램은 없어요. 그건 '곡'을 평가할 수 없기 때문이라고 생각합니다. 누군가에게는 그저 그런 곡일 수 있지만, 어떤 이에게는 인생을 바꾼 곡일 수 있거든요. 기준을 정할 수는 없다고 생각해요. 그런 생각으로, 작곡가는 정말 자신의 음악을 사랑해야 합니다.

음악
그 자체만으로도
가슴 설레는...

▶ 인터넷방송 세션 중

▶ 호서대학교에서 뮤지컬 수업 중

▶ 42살 생일날 자녀들과

Question 작곡가에 대한 오해와 진실이 있다면요?

작곡이 짧은 시간 안에 이루어진다고 생각하는 사람들이 있어요. 작곡을 한다면 멜로디 정도는 금방 찍어낸다고 생각해요. 짧은 멜로디 안에도 많은 고민이 들어가고요, 오랜 시간이 걸립니다. 오랜 노력은 좋은 결과물로 되돌아옵니다. 음악은 재능이 크게 좌우하는 분야라고 생각하는 사람이 많은 것 같아요. 음악에 관심이 있어서 전공을 하는 학생들도 입학 후 한 달 안에 자기들 안에서 서열이 나누어 집니다. 누가 잘하고 누가 못하고를 서로가 알아요. 그 과정에서 좌절하고 그만두는 학생들도 있고요.

그런데 실제로 일하다 보면, 대학생활하면서는 잘 못 따라오는 학생이었지만 졸업 후에 빛을 보는 학생들도 많이 있습니다. 오랜 기간 무명으로 작곡을 하다가 좋은 곡을 발표하는 작곡가들도 있고요. 분명 음악적 재능의 차이는 있지만 그 차이는 생각보다 크지 않아요. 노력으로 충분히 따라갈 수 있는 정도예요. 음악에 대한 애정이 있고 꾸준하게 노력한다면 분명히 좋은 작곡가가 될 수 있습니다.

Question 작곡가로서의 삶의 비전은 무엇인가요?

'삶을 노래하는 작곡가'가 되고 싶어요. 각 세대가 필요로 하는 음악들이 있어요. 저는 지금 40대입니다. 제가 만약 첫사랑을 아직 잊지 못해서 첫사랑에 대한 곡을 만들어 본다면 지금 첫사랑을 하고 있는 나이의 작곡가보다 감정을 더 잘 담아낼 수 있을까요? 어린 작곡가가 잘 표현할 수 있는 감정이 있고, 30대에만 느낄 수 있는 것도 있어요. 또, 40대에 당면한 이야기들은 그 세대를 살고 있는 작곡가가 잘 표현할 겁니다. 이처럼 기존곡을 답습하거나 유행을 따르는 작곡가이기 보다는 각 음악의 본질을 잘 나타내고 그 세대에만 느낄 수 있는 감정과 상황을 음악으로 표현해 내는 작곡가가 되고 싶습니다.

Question 자신이 작곡한 곡 중 가장 애정을 가지고 있는 곡이 있습니까?

정말 어려운 질문이네요. 곡마다 추억이 있고 애정이 담겨 있습니다. 꼭 고르자면, <안녕, 봄아>와 <레아 레아>가 있겠네요. 첫째 딸과 둘째 아들을 위해 작곡한 곡입니다. 딸 이름이 '봄', 아들 이름이 '레', 둘 다 외자로 지은 이름이에요. 가족을 위해 작곡한 곡이라 조금 더 애정이 가고 아이들과도 자주 듣는 곡이에요. 작곡을 계속하는 데 가장 큰 원동력이 '가족'입니다. 가족들이 웃으면 힘든 일은 잊고 다시 힘을 낼 수 있어요.

Question 다른 분야와 협업을 한다면 어느 분야가 좋다고 생각하시나요?

다른 분야라고 할 수는 없지만, 가장 먼저 떠오르는 것 분야는 '국악'입니다. 가장 한국다운 음악이라고 생각합니다. 현재 국악 연주자와 많은 협업을 하고 있고, 그 분야에 많은 관심을 가지고 있어요. 가장 우리다운 모습을 추구하는 것이 가장 세계적인 것이 아닐까 생각합니다.

또 다른 분야를 생각해보자면, '미술'과 함께 하면 좋을 것 같아요. '디지털 아트'는 미술 작품을 볼뿐만 아니라 듣게도 하는 작업인데요, 예를 들면, 바람개비에 바람을 불면 꽃이 피어나는 영상과 거기에 잘 어울리는 음악이 나오는 거예요. 눈으로 보는 음악, 냄새로 느끼는 음악, 만질 수 있는 음악처럼, 오감을 활용해 들어야 하는 음악이 있다면, 음악이 더욱 생생하게 전달될 거라고 생각합니다.

 **Question** 앞으로 작곡가라는 직업이 어떻게 변화할 거라고
생각하시나요?

예전에 작곡가가 연주자와 보컬을 통해 사람들에게 음악을 들려주었다면, 지금은 여러 면에서 많이 변화한 것 같아요. 컴퓨터 소프트웨어를 활용하는 것이 보편적인 방법이 되었으니까요. 지금까지는 피아노에서 나오는 88개로 음을 분류하고 있지만, 미래에는 그 이상의 세세한 음도 나오지 않을까 생각합니다. 또, 소리의 조화, '사운드 디자인'도 하나의 작곡 분야로 자리 잡지 않을까 생각합니다. 더 다양한 기기로 음악을 표현하는 시대가 될 것이라 생각해요.

Question 작곡가를 꿈꾸는 청소년들에게 한 말씀 해주세요.

작곡가를 꿈꾸는 학생들에게 저는 작곡가를 자신 있게 추천합니다. 예술분야만큼은 진로 결정을 아무도 말릴 수가 없더라고요. 다른 직업인으로 살아가다가도 '한 번쯤은 음악에 도전해 볼 걸' 후회하는 사람들도 종종 있고요.

다만, 음악에 관해 기본부터 충실히 고민하고 공부해서 자신만의 음악 스타일을 가진 작곡가가 되었으면 합니다. 누가 들어도 누구 곡인지 알 수 있을 정도로 나만의 스타일을 가지는 것이 중요해요.

요즘은 다 정말 빠르게 지나가는 것 같아요. 좋은 노래가 나와도 금방 또 다른 노래로 유행이 바뀌어요. 그에 비해 선호하는 곡 스타일은 비슷해요. 높은 음을 내고 기교가 있는 가수나 빠르고 현란한 연주 실력을 뽐내는 연주자에게 관심이 쏠립니다. 물론 훌륭하고 좋은 음악이지만, 다양성을 잃는 것 같아 아쉬운 마음이에요. 각 장르가 가진 가치가 두루 주목 받았으면 합니다. 느리고 투박하더라도 섬세한 아름다움이 있는 곡, 마음속 깊은 곳을 움직이는 곡이 있어요. 이 점 기억해, 따라가는 것이 아니라 여러분만의 스타일을 가진 작곡가가 되길 바랍니다.

어려서부터 음악에 호기심이 많았다. 피아노를 배우고 싶다고 졸라 일곱 살에 엄마 손을 붙잡고 등록한 피아노 학원으로 처음 제대로 음악과 만났다.

그렇게 음악과 맺은 인연은 오래 이어졌다. 그는 이제 정규 음원 30여 곡을 작곡한 6년 차 송라이터다.

"음악은 혼자 하는 것이 아니"라고 몇 번이나 반복해 말하는 그의 꿈은 "노래를 통해서 많은 사람들의 마음을 움직이는 작곡가"로, 그리고 "이제 음악을 시작하는 이들에게 좋은 방향을 제시하는" 멘토로 사는 것이다. 그 꿈을 향해, 그는 송라이터로, 곡을 쓰는 방법을 가르치는 선생님으로 활동하고 있다.

송라이터
윤선하

- 백석대학교 실용음악과 작곡전공
- 백석대학원 실용음악과 작곡전공
- 윤선하 정규앨범, EP, 싱글앨범 11장 발매
- 2016 원데이원송 <하반기 Best 스트리밍 top20>,
  <Best Female Artists 트랙 20> 선정

작곡가의 스케줄

윤선하
작곡가의
하루

01:00 ~ 04:00
▶ 개인 음악작업
04:00 ~
▶ 취침

10:00 ~ 11:30
▶ 외출준비

20:00 ~ 12:00
▶ 녹음실에서 음악작업
12:00 ~ 01:00
▶ 귀가

11:30 ~ 12:30
▶ 점심식사
12:30 ~ 13:30
▶ 레슨장소로 이동

19:00 ~ 19:30
▶ 저녁식사
19:30 ~ 20:00
▶ 녹음실로 이동

13:30 ~ 19:00
▶ 레슨

많은 것을
얻은
학교생활

▶ 학원에서 정기연주회 원장선생님과

▶ 초등학교 3학년때 피아노 콩쿨

▶ 가족사진

Question 학창 시절에는 어떤 학생이었나요?

화목한 가정에서 태어났어요. 가족들과 관계가 무척 좋았고 친구도 많은 학생이었어요. 당연한 삶이라 생각하고 살아왔는데, 돌아보니 정말 감사한 일이네요. 친구들이 늘 많이 있었는데 고등학교 진학을 하면서 친구들과 어울리는 횟수가 많이 줄어들었어요. 음악이라는 꿈이 정말 중요했어요. 친구와 정말 놀고 싶었지만, 꾹 참고 연습을 했던 기억이 납니다. 함께 보내는 시간이 줄어들게 되면 사이가 멀어질 법도 한데, 고맙게도 친구들이 제 꿈을 이해해 주고 응원해줬어요. 놀다가도 "나 학원 간다"하면 "그래 연습 잘하고 와"라고 보내줬었어요. 지금도 그 친구들이 여전히 저를 응원해주고 지지해줍니다.

음악을 할 때 살아있다는 것을 느낀다는 점은 그때와 지금이 비슷하네요. 최고가 되어야겠다는 생각보다는 최선을 다해보자는 마음으로 하루하루를 살아왔던 것 같아요.

Question 대학교 진학 시 전공 선택에 고민이 많았을 것 같아요

상업계 고등학교 정보처리과를 나왔어요. 상업에 관심이 있어서 진학을 한 건 아니에요. 저는 진로를 일찍 정했는데요, 상업계 고등학교는 자율학습이나 모의고사에서 일반 고등학교보다는 자유로웠어요. 연습시간을 확보하기가 편했죠.

경남에서 학창시절을 보냈는데, 부산에 있는 고등학교로 진학할까 고민도 했었어요. 그런데 부산에도 실용음악 전공이 있는 예술 고등학교는 없더라고요. 결국 가까운 상업계 고등학교로 진학했죠. 학교에 있는 시간보다 연습을 하는 시간이 더 많았어요.

대입 준비는 고등학교 1학년 때부터 본격적으로 시작했습니다. 일곱 살 때부터 피아노를 계속 배워왔기 때문에 자연스럽게 주 악기는 피아노였고, 클래식 음악보다는 반주법에 관심이 많아 재즈 피아노 전공을 준비하게 되었어요. 고등학교 2학년 때까지 피아노로 입시를 준비하다가 모 대학교에서 열린 음악캠프에 참여하게 됐어요. 그곳에서 음악으로 자신의 이야기를 하는 사람들을 보면서 '아, 나도 내 이야기를 음악으로 하고 싶다'라는 생각을 처음 가지게 된 것 같아요. 그러면서 마음이 점점 작곡으로 기울게 되었죠. 이것을 계기로 고등학교 1, 2학년 재즈 피아노를 준비하다가 고3 때 갑자기 희망 전공을 바꾸게 됐어요

갑자기 희망 전공을 바꾸었지만 재즈 피아노와 작곡이 전혀 연관이 없는 것은 아니라 도움이 많이 됐어요. 결국 실용음악과 작곡 전공으로 대학교에 입학했고요.

Question 학창시절 교내·외 활동이나 에피소드가 있나요?

교내에서는 음악시간은 물론이고 축제, 합창대회 등 각종 행사 반주를 했었어요. 화음 편곡도 제가 맡아서 했어요. 교외활동으로는, 대학에서 주최하는 실용음악 대회들에 참가했어요. '음악캠프'라는 이름으로 진행됐는데, 학원 선생님께 정보를 얻어서 준비했어요.

수상자에게 입학 특혜를 주는 대학 주최 대회에서 수상한 적도 있는데, 저는 목표하던 학교가 있었기 때문에 입학은 하지 않았어요.

대회나 입시를 준비하면서 연습을 정말 많이 했어요. '꼭 해내야 한다'는 부담감이 계속 있었어요. 내가 좋아서 선택한 일이지만 좋아하는 일이 늘 재미있는 건 아니잖아요. 힘들어서 그만두고 싶은 마음도 들었지만, 정말 악착같이 참아냈던 것 같아요. 울면서도 연습을 했어요.

저는 '과정'에서 얻는 것이 분명 있다고 생각하기 때문에 과정을 중요시합니다. 입상을 하든 못 하든, 입시에 성공하든 못하든 할 수 있는 만큼은 최선을 다해보자는 마음으로 매번 준비했어요. 연습실에서 정말 많은 시간을 보냈습니다.

Question 부모님의 기대하는 직업과 자신의 장래희망이 달랐나요?

부모님이 저에게 어떤 사람이 되기를 강요하신 적은 없었어요. 하지만 음악하는 것은 반대하셨습니다. 음악가로 산다는 것이 정해지지 않은 길을 가는 거니까요. 수입은 불규칙하고, 열심히 하는 만큼 꼭 되돌아온다는 보장도 없고, 또, 음악 하는 사람에 관한 인식이 아직 그리 좋지 않았고요. 딸이 힘들지 않길 바라셨던 것 같아요. 중3 때 음악을 하고 싶다고, 정말 확고하고 확실하게 말씀드렸어요. 신경전을 벌였던 기억이 납니다. 몇 달 후에야 부모님이 허락해주셨는데, 입시를 준비하는 과정에서 힘든 일이 있어도 절대 내색을 하지 않았어요. 힘들고 그만두고 싶은 마음이 들어도 힘든 내색을 보이면 그만두라고 하실까 봐, 학원에서는 울고 집에 와서는 아무렇지 않은 척 살았던 것 같아요. 그렇게라도 음악을 꼭 하고 싶었던 것 같네요.

Question 작곡가가 되기로 결심한 계기는 무엇인가요?

어릴 적부터 음악을 좋아했어요. 호기심만 갖고 있다가 초등학생 1학년 때 처음 피아노 학원을 다니게 됐어요. 2층 일반 교과를 가르치는 학원에 언니가 등록하러 가던 날, 피아노가 배우고 싶다며 엄마 손을 끌고 4층 피아노 학원에 간 게 시작이었네요. 초등학교에 입학해서부터 중학교 1학년 때까지 그 학원을 7년 정도 다녔어요. 공부를 시작하려고 그만뒀었는데, 그만두고 나서도 계속 피아노 배우고 싶다는 생각이 들더라고요. 음악에 대한 갈증이 항상 있었던 것 같아요.

갈증을 재즈 피아로로 풀다가, '작곡'에 관심이 생긴 건 고등학교 3학년 때 한 대학교에서 주최하는 음악캠프에서였어요. 작곡가로 참여한 대학생 언니, 오빠를 보면서 '내 이야기가 음악이 되면 행복할 것 같다'는 생각이 들었어요. 레슨 선생님과의 상담 끝에 작곡으로 희망 전공을 변경해 입시를 계속 이어서 준비했고, 작곡 전공으로 대학생활을 시작하게 되면서 자연스럽게 방향을 틀게 된 것 같아요.

Question 학창시절 진로에 도움이 될 만한 활동이 있었나요?

상업계 고등학교를 다녔기 때문에 학교 안에서 음악에 관련된 활동이나 동아리를 하기는 어려웠어요. 그래서 외부 활동들을 찾아다녔습니다. 저는 경상남도 양산시에서 살았는데요, 양산문화예술회관 홈페이지에 들어가 보면 그달의 공연정보가 나오거든요. 그런 정보를 보고 공연을 찾아다녔어요. 공연을 통해 보고 듣는 경험이 정말 도움이 많이 됐어요. 지금도 공연을 가서 직접 보고 들으면 자극이 많이 됩니다. 음악은 결국 '소리'기 때문에, 그 무엇보다도 듣는 경험이 곡을 쓰는 데 가장 도움이 많이 되는 것 같아요. 지금도 공연에서 영감을 자주 얻고 있어요.

▶ 시원섭섭했던 졸업식날

작곡가가
되기까지
여러 도움을
받다

▶ 졸업공연 포스터

▶ 행복했던 대학생활의 마침표 졸업공연중

대학 졸업 후 사회에 나서기까지의 과정이 궁금해요

대학교에서 참여했던 여러 활동을 통해 자연스럽게 사회와 연결됐어요. 대학에 다닌 것이 사회활동을 시작하는 데 많은 도움이 되었습니다. 음악은 혼자서 할 수 없어요. 어떤 사람과 함께 하는지도 중요하고 그들과 어떤 활동을 해왔는지도 중요합니다. 대학에서 만난 교수님이 조언해주신 게 있는데요, '학교생활만큼 대외활동도 꾸준히 해야 한다'는 거였어요. 대학을 졸업하고 갑자기 무언가를 시작하는 건 쉽지 않으니 대학생활 중에 꾸준하게 자립 준비를 하라는 말씀이었어요.

조언을 듣고, 대학교 3학년 때부터 앨범 작업을 시작했어요. 과제가 아니라 제가 세운 목표였습니다. 앨범 작업은 태어나서 처음 해보는 거였어요. 하나하나 부딪쳐 가며 배웠어요. 무식해서 용감했던 시절이었네요. 지금 다시 해보라고 하면, 아마 그렇게는 못 할 거예요. 그때의 시행착오가 나중까지 많은 도움이 되었습니다.

앨범을 제작할 때 가장 중요한 건 물론 녹음하고 곡 쓰는 '음원작업'이지만, 가장 비중 있는 작업은 아니에요. 그 외에 해야 할 일이 80% 정도는 돼요. 저작권 문제를 해결하거나 유통사와 계약을 하거나 일이 정말 많아요.

제 정규앨범 1집에 수록되어 있는 곡 중 한 곡은 도종환 시인의 〈사랑하는 사람이 미워지는 밤에는〉이라는 시가 노랫말인데요, 당시 국회의원이었던 시인과 저작권 문제를 나눠야 했어요. 교수님의 도움을 받아 비서관과 통화를 하고 저작권 승인을 받았던 기억이 있습니다. 조마조마한 마음으로 연락을 드렸는데 정말 감사하게도 반갑게 맞아주시고, 친절하게 도와주셨어요. 돌이켜보면, 이런 과정을 거쳐야 한다는 걸 몰라서 되려 끝까지 할 수 있었던 것 같아요. 처음부터 알았다면, 엄두가 나질 않아 시작조차 하지 못했을 거예요.

대학교에서 음반작업을 할 때 특별한 사연이 있나요?

대학생활 중 음반 작업을 하면 학교에 있는 스튜디오를 사용할 수 있어요. 외부 스튜디오를 사용하게 되면 한 프로(3시간 반)당 20만 원에서 50만 원 정도의 비용이 발생합니다. 제가 재학하던 학교에서는 스튜디오를 24시간 오픈해주었어요. 이런 혜택을 최대한 활용해서 비용과 시간을 절약했습니다. 저는 모든 작업을 학교 스튜디오에서 진행했어요. 등록금이 아깝지 않았습니다. 그 결과 정규앨범을 들고 졸업을 할 수 있었는데요, 우리 학교 최초라고 하더라고요.

정규앨범에 현악기가 들어간 곡이 있는데요, 졸업 당시 바이올린, 비올라, 첼로와 같은 현악기를 편곡하는 '현 편곡'에 관심이 많았어요. 현 편곡을 하기 위해서는 연주자와 함께 작업을 해야 하는데 섭외 비용이 만만치가 않아 주저하고 있었는데, 마침 예술인 복지 재단에서 진행하는 창작 지원금 지원 사업에 선정이 됐죠. 그 지원금으로 교수님이 소개해주신 스트링 팀과 함께 앨범에 들어갈 현악기 녹음을 진행할 수 있었습니다.

학교와 교수님의 덕을 정말 많이 받고 졸업했어요. 정규앨범은 음악인에게 이력서와 같거든요. 스펙을 쌓는 것처럼 음악인은 계속해서 포트폴리오를 만들어 가요. 이렇게 대학생활을 하면서 대학 시스템의 좋은 점들을 잘 활용해서 졸업 후에도 자연스럽게 작곡 활동을 이어 나갔던 것 같아요.

Question 작곡가가 되기까지 도움을 받은 경험이 있을까요?

생각보다 우리나라에 예술인들을 위한 제도가 많이 숨어 있어요. 앨범을 발매할 수 있도록 창작지원금을 지원해준다든지 공연을 할 수 있도록 공연제작비를 지원해준다든지, 공연장 대관을 해주기도 해요. 좋은 제도가 있는데도, 게으름으로 잘 활용하지 못하는 건 너무 아쉬운 일인 것 같아요.

국가에서 하는 임대주택 사업 같은 경우도 예술인 자격으로 지원할 수 있는 것이 있어요. 예술인 복지 재단에서 예술인 활동 증명 과정을 거쳐 예술인으로 인정이 되면 자격을 얻습니다. 그 외에도 콘텐츠 문화 진흥원, 서울문화재단이나 경기문화재단 등 기관마다 지원 사업이 다양하게 있답니다. 저부터 복지제도를 적극 활용하고 있고요.

Question 작곡가가 되기까지 멘토가 있었다면 소개 부탁드립니다.

고등학생 때 만난 피아노 선생님이 제일 먼저 떠올라요. 입시를 담당해주셨는데, 음악뿐 아니라 삶에서 어떤 태도로 살아가야 하는지에 대해서 많이 배웠던 것 같아요. 대학에서 만난 교수님도 정말 마음을 다해서 가르침을 주셨던 것 같고요. 현장에서 살아가는 아티스트로서, 제자면서 후배인 저에게 진심어린 조언을 많이 해주셨어요. 꾸준함과 성실함, 겸손함을 항상 강조하셨어요. 삶과 노래가 일치해야 한다고 늘 이야기해주셨던 것 같아요.

Question 음악인으로서 롤모델이 있나요?

뮤지컬에서 활동하시는 김문정 음악감독님이요. 감독님은 뮤지컬 음악을 지휘하시는 분인데, 그분이 지휘하는 뮤지컬은 한 편도 빠짐없이 다 보러 다녔어요. 워낙 뮤지컬에 관심도 많고 좋아하기도 하지만, 지휘자라는 자리가 정말 매력적이에요. 같은 곡이라도 지휘자에 따라 음악이 전혀 다르게 표현되는데, 저는 김문정 감독님의 에너지가 정말 좋아요. 감독님을 보면서 뮤지컬음악에 대한 꿈이 생겼어요. 아직은 뮤지컬음악 작업을 해본 적은 없지만, 늘 마음 한구석에는 뮤지컬 음악을 향한 동경이 있어요. 언젠간 꼭 뮤지컬 음악 감독으로서 지휘자 자리에 서보는 게 꿈입니다.

Question 작곡가로서 동기 부여가 되는 일들이 있다면 소개해주세요

공연에 와준 관객들의 따뜻한 한마디나 종종 받게 되는 메일이나 SNS 메시지에서 힘을 얻게 될 때가 있어요. 제가 곡을 발매하는 건 여러 사람과 공감하며 듣고 싶어서 음악을 만드는 거잖아요. 그렇기 때문에 응원 메시지, 따뜻한 격려, 말 한마디가 참 감사한 것 같아요. 내 음악을 듣고 행복을 느끼는 사람들이 있다는 것은 음악인으로서 가장 큰 동기부여라고 생각해요.

Question 작곡가 활동 중 에피소드가 있다면 소개해주세요

저는 평소에 말의 높낮이를 생각해서 멜로디를 붙이는데 저는 경상도 사람이고 경상도 억양상 '이응(ㅇ)' 발음이 강하거든요. 가사 중에 '아직'이라는 가사가 나오는데 제가 생각했던 억양과 그 보컬의 억양이 너무 다른 거예요. 그때 처음으로 '아, 내가 곡을 사투리로 쓰는구나' 하고 알게 되었어요. 억양을 설명해 주어도 느낌이 잘 안 살아나서 녹음 중에 한참을 웃었던 기억이 납니다.

작곡을 할 때 아이디어 도출부터 곡 완성까지의 과정은 어떻게 이루어지나요?

저는 송라이팅을 하는 사람입니다. 송라이팅에서 가장 중요한 것은 가사라고 생각해요. 가사의 영감은 친구와의 대화, 영화, 책 등 일상 속 소재에서 와요. 떠오르는 단어나 문장을 습관처럼 기록해요. 영화를 보다가 대사를 적기도 하고, 책을 읽다가 줄을 긋기도 합니다.

제가 작곡한 곡 중 <오두막>이라는 영화를 보고 영감을 받아, 썼던 곡이 있어요. "나를 알고 당신이 사랑받는다는 것을 느끼고 변해가기를 원해요"라는 대사가 좋아서, 우선 그 문장으로 일기 쓰듯 자유롭게 글을 썼어요. '프리 라이팅'을 한 거죠. 이후 가사가 되게끔 문장을 다듬고 정리를 합니다. 시를 쓴다고 생각하면 조금 편할 것 같아요.

이렇게 가사가 완성되면 내가 하고 싶은 말을 곡 어느 부분에 넣을지를 정해야겠죠. 주요 내용을 코러스에 넣을지, 1절에 넣을지 곡의 구조를 정합니다. 다음은 곡 장르나 스타일을 정해 레퍼런스(참고)가 될만한 곡을 찾고, 그 곡을 먼저 분석해요. 송 폼(곡 구성)은 어떤지, 악기 구성과 주법은 또 어떤지 살펴서 모티프(동기) 삼아서 제 곡을 씁니다.

그 외에도 작곡을 하는 수많은 방법이 있어요. 작곡 방식은 정해져 있지 않아요. 대학에서도 작곡을 하는 방법보다는 접근 방식에 관해 다양하게 배웠던 것 같아요. 저는 가사를 먼저 쓰지만, 반대로 멜로디를 먼저 쓰는 분들도 있어요. 멜로디를 먼저 쓰는 분들중에도 이론적인 부분을 먼저 고려해서 멜로디를 쓰는 분도 있고 이론과는 상관없이 느낌을 추구하는 작곡가도 있습니다. 곡을 여러 가지 방법으로 써보면서 자신만의 방법을 찾아가게 되는 것 같아요.

▶ 홍대에서 공연을 기념하며

일상 속의
감사함이
넘쳐요

▶ 스튜디오 녹음현장

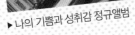
▶ 나의 기쁨과 성취감 정규앨범

자신이 어떤 작곡가라고 생각하시나요?

음악을 하는 사람 중 음악적 감각이 있어서 음악을 하는 사람이 있고, 이론적으로 분석하고 연구하고 파고드는 사람이 있어요. 저는 음악 이론을 잘하기도 하고 좋아했어요. 음악 안에 숨어있는 규칙이나 패턴을 찾는 게 재밌었어요. 감각이 있어서 음악을 하는 스타일은 아니었던 것 같아요.

앨범을 내면서부터 작곡가로서 포지션을 잡기 시작했어요. 일반적으로 앨범을 내면 '가수'가 앨범을 낸다고 생각하지만, 저는 제가 쓴 곡으로, '작곡가로서' 앨범을 내고 있어요. 제가 직접 연주나 노래로 참여하지는 않지만 앨범 전체를 프로듀싱해서 곡의 완성도를 높여가고 있습니다. 이런 방식의 아티스트들 중 대표적인 인물은 윤종신 님이나 유희열 님이 있습니다.

Question **음악을 만드는 데 가장 힘이 되는 것은 무엇인가요?**

제가 농담처럼 하는 말이 있어요. '곡을 만드는 것은 아이를 낳는 것과 같다'고요. 아이를 임신하고 출산하는 과정은 너무 힘들고 고통스럽지만 아이가 주는 기쁨이 고통보다 훨씬 크다고 하잖아요. 앨범도 마찬가지로 만드는 과정이 쉽지 않고, 때로 다신 반복하고 싶지 않다는 생각이 들기도 하지만, 그래도 내가 쓴 곡이 세상에 나왔다는 기쁨과 성취감, 그리고 좀 더 잘하고 싶다는 건강한 욕심은 비할 데가 없어요. 정말 신기하게도 작업은 매번 힘들어요. 그런데 나온 앨범을 보면서 느끼게 되는 성취감도 매번 큰 것 같아요.

제가 중요하게 살폈던 건 '내가 그 일을 얼마나 좋아하는가?' 였어요. 좋아하는 사람이 생기면 시간을 내서 밥을 먹고 얼굴을 보잖아요? 그런 것처럼 그 일에 내가 얼마나 시간을 쏟고 있는지를 봤던 것 같아요. '일을 하면서 보람을 느낄 수 있는지'도 무척 중요했고요.

어머니는 학창시절을 떠올려 보면 후회가 없으시다고 해요. 하고 싶은 일 하면서 재밌게 살았다고요. 그래서 걱정에 반대는 했었지만, 결국 제가 하고 싶어 하는 일을 지지해주셨어요. 일을 선택하는 데 있어서 무엇이 중요한지와 같은 제 가치관은 부모님의 영향을 많이 받았다고 생각합니다. 사실, 저는 작곡은 '과정'만으로 의미가 있는 일이라고 생각해요. 그 과정 자체가 흥미롭게 느껴지고요.

 작곡가라는 직업만의 특성이 있다면요?

대부분의 작곡가는 프리랜서로 활동하는데, 그러다 보니 다양한 일을 경험해볼 수 있어요. 시간도 자유롭게 배분해서 쓸 수 있고요.

물론, 다르게 생각해보면 내가 노력하지 않으면 한없이 나태해질 수도 있는 상황이죠. 누군가 나를 책임져주는 것이 아니기 때문에 끊임없이 역량을 계속 개발해야 하고요. 일을 이것저것 동시에 하다 보니까 삶과 일의 경계가 없어지는 단점도 있답니다. 또, 이건 예술인의 특징일 텐데요, 작업시간이 거의 밤이나 새벽으로 집중되다 보니 생활패턴이 많이 바뀌어요.

작곡가에 대해 작곡가가 되고 나서 알게 된 점이 있나요?

'아무도 윤선하를 모르는데 앨범을 내는 것이 의미가 있을까?'라는 생각이 있었어요. 어디 회사에 소속되어 있는 것도 아니고, 내 음반을 홍보해줄 사람도 없으니 음반을 내도 크게 의미가 없다고 생각했었는데, 막상 음반을 내보니 다양한 사람들이 들어주더라고요. 정말 신기하고 행복했어요. 방송에 BGM으로 쓰이기도 하고, 앨범을 듣고 곡 스타일이 좋아서 저에게 레슨을 받으러 오시는 분도 있었어요. 전혀 예상하지도 못했고 기대했던 효과도 아니었어요. 단지 내 행복을 위해 했던 작업에 달리는 반응을 보고 계속 이일을 할 수 있는 원동력을 얻었습니다.

작곡가가 되기 전에는 시야가 좁았던 것 같아요. 곡을 쓰고 앨범을 내는 일을 대단하다고만 생각했고, 여기 오기까지 오래 걸릴 거라 생각했어요. 막상 해보니 생각보다 어렵지 않았고, 지금은 누구나 도전해볼 만한 일이라는 생각이 들어요. 요즘에는 1인 기획사로 활동하는 아티스트들도 많이 생겨나고 있고 유튜브를 통해 빠르게 확산되기 때문에 도전하기 더 수월한 환경이라 생각해요.

Question **작곡가에 대한 오해와 진실이 있다면요?**

한 곡으로 한 번에 스타가 될 수 있다고 생각하는 경우가 있어요. 그런 경우는 없습니다. 물론, 어떤 한 곡으로 스타가 된 작곡가를 본 적이 있을 거예요. 하지만 그 작곡가가 그 한 곡만으로 스타가 된 것은 아녜요. 그 곡을 쓰기까지 정말 무수히 많은 시행착오를 겪고 노력을 했을 겁니다. 그 곡 이전에 빛을 보지 못한 수많은 곡이 있었을 거고요. 멋진 한 곡을 써내기까지 정말 많은 고민과 노력이 들어갑니다.

Question 작곡가로 활동하면서 아쉬운 점이 있나요?

우리나라에서는 예술의 가치를 잘 쳐주지 않아요. 예를 들면, 온라인 스트리밍 서비스가 그렇죠. 몇 만 번을 들어도 작곡가에게 돌아오는 수익은 얼마 되지 않아요. 사람들도 이런 게 당연하다고 생각하고요. 음악을 듣거나 공연을 보는 것에 소비를 하고 싶어 하지 않아요.

요즘 중국에서 활동하는 아티스트가 많이 생겨나는 것도 이런 이유라 생각해요. 중국뿐 아니라 해외로 나가면 인식 차이를 많이 느낄 수 있어요. 우리나라에서는 공연이 10만 원이 넘어가면 보러 가는 사람이 많지 않아요. 외국에서는 몇 십만 원 짜리 오페라나 뮤지컬도 보는 것이 자연스럽더라고요. 돈을 많이 버는 것만이 중요한 것은 아니지만, 노력에 대해 어느 정도의 보상은 있어야 계속해서 창작활동을 이어나갈 수 있잖아요? 이런 부분이 너무 아쉬워요.

 Question 작곡가로서 비전은 무엇인가요?

몇십 년 전, 아니 그 이전부터 지금, 그리고 앞으로도 '사랑'에 관한 노래는 변치 않고 나올 거라 생각해요. 남녀 간의 사랑만이 아니라, 가족에 대한 사랑이나 친구를 사랑하는 마음도 사랑이고, 내가 키우고 있는 반려동물에 대한 사랑도 있잖아요. 이런 사랑의 카테고리를 잘 이해하고 그걸 곡으로 가장 잘 표현하는 작곡가가 되고 싶어요.

'그때'의 감정을 잘 기록해서 작곡한 곡은 시간이 흐른 뒤에 들어도 그때의 기억을 정  말 섬세하고 생생하게 불러오거든요. 나의 삶을 노래하고 그 노래로 내 노래를 듣는 이들에게도 동일한 감정을 전달하는 작곡가가 되고 싶습니다. 내가 표현하고자 했던 감정을 듣는 사람이 함께 느낀다면 정말 행복한 일이라고 생각해요.

Question 작곡가 다음의 커리어도 생각하고 계신가요?

후배 양성에 힘쓰는 작곡가가 되고 싶습니다. 제가 좋은 선생님을 만나서 여기까지 온 것처럼 이제 새로 시작하는 음악인에게 더 좋은 환경에서 자유롭게 창작활동을 할 수 있는 바탕을 만들어 주고 싶어요. 음악에 대한 사람들의 전반적인 인식을 통째로 바꿀 수는 없겠지만, 내 자리에서 최선을 다하다 보면 세상이 조금은 변하지 않을까요?

음반 기획사를 세우고 싶은 막연한 꿈도 있는데, 그 이유도 음악을 하는 사람들을 좋은 방향으로 이끄는 사람이 되고 싶기 때문이에요. 작곡가로 평생을 살아가겠지만, 작곡가면서 동시에 음악을 하고자 하는 이들에게 좋은 방향을 제시해줄 수 있는 사람으로 살아가고 싶습니다.

학창시절 H.O.T의 열성적인 팬이었던 그의 첫 꿈은 댄서였다. '나의 영웅과 음악을 통해 교류하고 싶다'는 꿈에 춤으로 닿고 싶었다. 춤 동아리가 유명하다는 소문을 좇아 고등학교에 진학했는데, 입학 후에 잘못된 소문이라는 것을 알았다. 진학한 고등학교에는 춤 동아리 자체가 없다고 했다.

잠시 좌절했지만, 금세 다른 길을 찾을 수 있었다. 우연히 접한 유명 작곡가와의 인터뷰가 힌트가 됐다. 부모님의 반대가 있었지만, 10장 여의 편지로 설득했다. 부모님이 안방을 작업실로 내어주셨다.

이후 그는 하루 18시간씩 곡 작업에 몰두했다. 22살 가수 전혜빈 씨의 곡으로 데뷔한 이후, 플라이 투 더 스카이, 슈퍼주니어, 휘성, 엠씨 더 맥스 등 여러 가수와 함께 작업을 해왔다.

그는 현재 12명의 프로 작곡가와 함께하는 '감성사운드'의 대표로, 음원과 유튜브 채널을 통해 대중과 소통하는 작곡가로 활발히 활동 중이다.

- -

대중음악 작곡가
미친감성

현) 감성 사운드 대표
- 2002 SBS NET 가요제 3위
- YMC엔터테인먼트 프로듀서
- 한국음악저작권협회 정회원

작곡가의 스케줄

미친감성
작곡가의
하루

07:30 ~ 09:00
▶ 식사 및 가족과의 시간
09:00 ~
▶ 수면

NEWS
15:00 ~ 15:30
▶ 출근 준비

24:00 ~ 07:00
▶ 개인 곡 작업
07:00 ~ 07:30
▶ 퇴근

16:00 ~ 20:00
▶ 레슨(후배 양성)

23:00 ~ 24:00
▶ 감성사운드 프로듀서
곡 회의

20:00 ~ 23:00
▶ 유튜브 업로드 영상
촬영, 편집

춤에 빠진
소년, 작곡가를
꿈꾸다

▶ 가장 좋아하는 HOT처럼

▶ 10년 전 제자 유재환과 함께

▶ 나의 첫 작업실

Question **학창 시절에는 어떤 학생이었나요?**

초등학생 때는 그림 그리는 것을 좋아해서 그림을 자주 그렸던 기억이 나네요. 중학생 때는 춤추는 것을 좋아하는 학생이었습니다. 예체능 쪽으로 관심이 많았던 것 같아요. 성격은 내성적인 편이었어요. 생활기록부에 '내성적'이라는 말이 많이 등장할 정도로요. 내성적이지만, 친한 친구들과는 잘 어울려 놀았어요. 친해지는 데까지 오랜 시간이 걸리는 편입니다. 친구도 적당히 있었고 가정환경도 특별할 것 없이 정말 평범했어요.

Question **작곡가의 꿈은 언제 시작되었나요?**

작곡가라는 꿈을 본격적으로 꾸게 된 건 고등학교 2학년 때였어요. 계기가 조금 재미있는데요, 저는 H.O.T를 정말 좋아하는 학생이었습니다. 어느 정도 팬이었냐면, H.O.T 콘서트 표를 구하기 위해서 하루 전부터 밤새 줄을 서 있던 사람 중 유일한 남자가 저였습니다. 그래서 중학생 때의 꿈은 'H.O.T의 백댄서'였어요. 당시에는 오로지 '춤'에만 관심이 있어서 고등학교 진학을 할 때도 '춤'만 생각했어요. 당시는 지금의 인터넷에서처럼 잘 정돈된 정보를 찾기 어려운 시절이어서, 친구에게 듣기로 댄스부가 정말 유명하다는 고등학교로 진학했습니다. 그런데 막상 그 고등학교에 진학하고 보니 댄스부 자체가 없는 거예요. 정말 당혹스러웠죠. 충격에 휩싸여서 입학하고 1년 동안은 학교에 가면 창밖만 봤던 기억이 나요. 그러다 고2 때, 우연히 조규만, 이경섭 작곡가님이 TV에 출연하셔서 작곡가에 대해서 설명하는 것을 들었어요. 작곡가가 하는 일과 수입에 대한 이야기였는데, 그걸 들으니까 갑자기 그런 생각이 드는 거예요. '춤으로 먹고살기는 힘들 것 같은데, 작곡하면 돈을 많이 벌 수 있지 않을까?'

그런 무모한 생각으로 작곡에 처음 관심을 가지게 되었습니다. H.O.T의 백댄서에서 H.O.T에게 곡을 주는 작곡가가 되는 것으로 꿈이 바뀐 거죠.

학창 시절 진로와 관련된 활동 중
기억에 남는 게 있다면요?

고등학교 3학년 때, 지금은 없어진 프로그램이지만 〈SBSNET가요제〉라는 프로그램에 출연한 적이 있어요. 1회 대상은 브라운아이드소울의 나얼 님이었고, 2회 대상은 JK 김동욱 님이었어요. 저는 3회 때 출전해서 3등을 했습니다. 노래를 부르는 프로그램이었는데 저는 노래를 부른 건 아니고, 작곡하고 무대에서 연주했습니다. 그전까지 '작곡가로서 내가 살아남을 수 있을까?'라는 걱정이 있었는데 이 대회를 통해서 작곡가로 살아갈 수 있다는 것에 확신을 가지게 되었습니다.

Question

음악적 재능이 뛰어난 편이셨던 것 같아요.

고등학교 3학년 때 처음으로 실용음악학원에 다니기 시작했어요. 당시 함께 학원에 다니던 친구들은 피아노도 잘 치고 음악에 대한 지식도 깊었습니다. 저는 정말 기본적인 코드인 Cmaj7(C 메이저 세븐)도 모르는 '음악 바보'였습니다. 리듬감도 없고 노래도 못하고 피아노를 잘 치는 것도 아니었거든요. 그렇지만 단 하나, 그들과 다른 점이 있었는데, 컴퓨터음악에 관심이 있다는 거였어요. 그 당시 함께 학원에 다니던 학생 200명 중에 컴퓨터음악에 관심이 있었던 건 저를 포함해 몇 없었어요. 미디로 음악을 만드는 데 저만의 차별점이 있던 것 아닌가 생각합니다.

학창시절 성적과 현 직업 사이 관계가 있는지 궁금합니다.

저는 학업에 욕심이 없어서 성적이 좋지 않았어요. 중2 때 성적은 전교생 500명 중 400등을 할 정도였죠. 중3이 되면서 '공부를 좀 해 봐야겠다.'는 마음이 생겨서, 3학년 1학기 중간고사에서 전교 석차 70등 정도까지 끌어 올린 기억이 있네요. 그 해에 성적이 가장 많이 오른 학생이어서 장학생으로 학비를 감면받고 학교를 다녔던 기억이 납니다.

한문이나 가정 같은 과목에서 10점, 20점을 받아서 평균점수가 떨어지긴 했지만, 성적이 좋지 않을 때도 국어, 영어, 수학, 과학은 관심이 있었고 어느 정도 점수는 나왔습니다. 특히, 수학 같은 과목은 교과서에 나와 있는 방식대로 풀어보고 나만의 방식을 만들어서 또 풀어보고 할 정도였어요. 궁금한 것이 있으면 파고 들어가야 하는 성격이었습니다.

성적이 좋다고 좋은 곡을 만들어내는 것은 아닌데, 연관이 없지는 않다고 생각해요. 작곡가가 되고 나서 보니 수학이랑 작곡은 어느 정도 연관이 있더군요. 실제로 학창시절 새로운 공식을 만들고 문제에 적용하던 경험이 작곡하는 데도 도움이 됐어요. 작곡에도 공식이 있거든요. 또, 공식에 따라서 작업하다가도 때로는 자신만의 공식도 만들어야 한다는 점도 닮았네요.

Question

부모님의 기대직업과 본인의 희망직업은 같았나요?

초등학생 때는 화가가 되는 것이 꿈이었습니다. 중고등학교 때는 앞서 이야기했듯 H.O.T의 백댄서에서 H.O.T에게 곡을 주는 작곡가로 장래희망이 바뀌어 갔고요. 부모님이 제게 원하는 직업은 없었는데, 예체능 쪽으로 진로를 결정하는 데는 완강히 반대하셨어요. 아버지는 말씀을 정말 논리정연하게 잘하세요. 아버지가 말씀하시면 저는 당해낼 수가 없어요. 당시에도 마찬가지라, 장문의 편지를 써서 설득하기로 했죠. 10장쯤 됐을 거예요. 작곡가가 되어야 하는 이유와 구체적인 목표, 2년 안에 음악적인 성과를 못 보여

드리면 다시 열심히 공부하겠다는 다짐을 담았어요. 음악하기 위해 학교를 자퇴하겠다는 내용도 있었는데, 서태지 님의 사례를 적었죠. 이런 내용의 편지를 읽어보시고 부모님도 어느 정도 생각이 바뀌신 것 같았어요. 그냥 안 된다고만 할 수 없으니 저의 요구와 부모님의 요구를 조율해보기로 했습니다. 부모님은 '인생을 살면서 고등학교를 졸업하는 경험은 공부를 떠나서 정말 의미있는 부분이다', '성공도 중요하고 실력도 중요하지만 학창시절의 추억과 친구들 또한 중요하다'는 생각이셨어요. 그래서 음악은 하되, 학교는 졸업할 것을 약속하고 음악을 시작하게 되었습니다.

Question 진로 결정에 도움을 준 사람이 있나요?

고등학교 시절, 실용음악학원에 다닐 때 피아노를 가르쳐 주시던 안준영 선생님이 영향을 많이 주셨어요. 보통 실용음악학원에 다니는 친구들은 대학을 진학할 때 실용음악 전공을 선택합니다. 그런데 선생님이 보시기에 저는 대학에 안 가는 것이 좋다고 생각하셨나 봐요. 저도 대중음악을 하려면 실용음악과에 가지 않는 것이 좋다고 생각했거든요. 실용음악과 커리큘럼을 보면 연주자로서는 괜찮겠지만 대중음악 작곡가로서는 배우지 않아도 될 것들이 너무 많이 있더라고요. 대학에 가야 할지 고민하던 중 선생님이 "유명한 작곡가 중에서도 대학을 나오지 않고 작곡하는 분이 많고, 대학을 꼭 나와야만 작곡가로서 인정받는 것은 아니다"라고 말씀해주셨어요. 사실 고3 학생에게 대학을 가지 말라는 것은 조금 위험한 발언이잖아요. 부모님의 반응도 알 수 없고 욕을 먹을 수도 있으니까요. 그런 상황에서도 단호히 말씀해주셔서 큰 도움이 되었습니다.

▶ <너의 목소리가 보여>에 출연하여
강타형, 토니형과 함께

▶ 음악 작업 중에

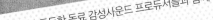

▶ 언제나 든든한 동료 감성사운드 프로듀서들과 함께

일과를 소개해주세요

보통 음악 작업실로 오후 네 시쯤 출근합니다. 네 시부터 일곱 시 정도까지는 제자들 교육하고요. 그다음에는 제가 유튜브 채널을 운영 중이거든요. 유튜브에 올릴 영상촬영을 세 시간 정도 합니다. 소속 프로듀서들이 12명인데 그들과 회의를 나누고요. 회의 내용은 어떤 곡을 쓸지가 주로 나오죠. 그렇게 열두 시 정도 되면 그때부터는 개인적인 작업시간이에요. 보통 아침 여덟 시 정도에 퇴근합니다.

작업하시는 과정이 궁금합니다.

때에 따라 변하기도 하지만, 대체로 다음과 같아요. 생활 중에 떠오르는 멜로디가 있으면 후렴 삼아 네 마디쯤 흥얼거리면서 계속 이렇게 저렇게 불러 봐요. 흥얼거리다가 좋다는 생각이 드는 버전이 생기면, 핸드폰 녹음기에 바로 녹음을 해요.

녹음하는 습관은 고등학교 때 시작됐는데, 그 당시에는 핸드폰에 녹음 기능이 없으니까 녹음기를 들고 다니면서 녹음했어요. 카세트테이프에 기록을 한 거죠. 고등학교 때는 습관을 만들겠다고 하루에 10개씩 녹음했어요. '10개'라는 기준이 생긴 데도 이유가 있는데, 윤일상 작곡가님이 하루에 10개씩 악상을 떠올리는 연습을 한다고 인터뷰에서 밝힌 적이 있거든요. 그걸 따라 한 거죠. 점심시간에 축구하다가도 악상이 떠오르면 공 멀리 차 놓고 구석에 가서 녹음했어요. 아무튼, 녹음을 한 다음에는 코드를 찾습니다.

이런 순서를 웬만하면 지키려 하는데요, 피아노를 치면서 작곡하다 보면 늘 익숙한 멜로디로 손이 가거든요. 그럼 뻔한 노래가 나오고요. 멜로디부터 상상하면 다양하고 폭넓은 곡이 나옵니다.

요약을 해보자면 상상을 해서 멜로디를 녹음하고 그에 맞는 코드를 찾고, 컴퓨터에서 큐베이스 같은 작곡프로그램을 켜서 드럼을 찍고 그다음 편곡을 해나갑니다. 이렇게 멜로디가 완성되면, 가사를 마지막에 적는 편이에요

작곡가 활동 중 가장 기억에 남는 경험을 말씀해주세요

10대 시절에는 H.O.T에게 곡을 주는 것이 꿈이었다면, 20대 때는 플라이 투 더 스카이에게 곡을 주는 것이 꿈이었어요. 그래서 SM에 곡을 계속 보냈었는데 별다른 반응이 없었습니다. 그러다가 22살 때 황세준 작곡가님의 싸이월드에서 '전혜빈 데모 받습니다.'라는 글을 보고 작곡가님께 이메일을 보낸 일이 있어요. 작곡가님이 제 곡을 들어보시더니 연락을 주셨고요. 전혜빈 씨께 곡을 주러 약속된 회사에 방문했는데 거기 플라이 투 더 스카이 멤버들이 있는 거예요. 너무 놀라서 정신이 없는 중에 데모 곡을 다 같이 들었어요. 제가 정말 좋아하는 가수와 함께 제 곡을 듣는다는 것이 너무 떨리기도 하고 긴장됐죠. 데모 곡이 끝나고 나서 환희 씨가 엄지를 치켜세우시면서 만족스러운 표정으로 저를 바라보셨어요. 꿈같은 일이었습니다. 저의 20대를 되돌아보면 가장 기억에 남는 순간입니다.

작곡한 곡 중 특별히 애정이 가는 곡이 있다면요?

모두가 정말 소중한 곡들이지만, 그중 하나를 꼽아보자면 엠씨 더 맥스의 <그남잔말야>입니다. 20대 초반에는 경제적으로 힘들진 않았는데요, 20대 후반 즈음 곡을 주고 비용을 받지 못하는 등 여러 가지 힘든 일이 연달아 일어났어요. 곡도 잘 안 나오고요. 그렇게 30대 초반까지 경제적으로 너무 힘든 시기를 보냈어요. 20대에 작곡가로서 어느 정도 상승을 겪다가 30대에는 되레 더 힘들어지니까 우울한 마음이 들기도 했습니다.

이런 어려움을 극복하게 해준 곡이 <그남잔말야>였어요. 이 곡 전에 썼던 곡 중에는 히트곡이 없었어요. 유명한 가수에게 곡을 줘도 히트가 안 되니까, 이유를 분석해보기 시작했죠. 돌이켜보니까, 제가 김도훈 작곡가님을 정말 좋아하는데요, 너무 좋아하다 보니 곡을 쓸 때 비슷하게 쓰고 있었더라고요. 그러다 보니 대중들에게는 '어디서 들어본 노래'로 들리고요. 스마트폰으로 따지면, 대기업 스마트폰을 비슷하게 만든 거죠. 실력

이야, 비슷하게 만들어내는 것만으로도 정말 대단한 거지만, 대중은 당연히 대기업에서 만든 스마트폰을 사겠죠. 디테일에서 떨어지는 부분이 있을 테고, 그렇다고 내 스마트폰을 파격적으로 10만 원에 팔 수 있는 것도 아니잖아요. 그런데 만약 직접 만든 스마트폰에 이제껏 본 적 없는 새로운 기능이 있다면 그때는 팔릴 거예요. 음악도 마찬가지죠.

<그남잔말야> 이후에는 제가 쓰고 싶은 대로, 저만의 스타일로 작곡하기 시작했어요. 그 이후로 주변에서 '곡 정말 좋다. 미친 감성이 있어'라는 평을 듣기 시작했어요. <그남잔말야>는 작곡 스타일의 전환점을 준 소중한 곡입니다.

작곡가가 되고 나서 작곡가에 대해 새롭게 알게 된 점이 있나요?

작곡가가 되기 전에는 작곡가가 좋아하는 음악하면서 여유롭고 돈 많이 버는 직업이라고 생각했어요. 그런데 막상 작곡가가 되고 보니 엄청난 노력이 필요한 직업이더라고요. 저는 20대 시절, 하루 3시간만 자면서 보냈어요. 밤새도록 작곡했죠. 비행기도 29살 때 처음 타보았어요. 여행을 가는 시간에도 뒤처질까 봐 불안한 마음에 쉽게 쉬지 못했던 것 같아요. 처음 작곡가가 되기로 했을 때, 나보다 재능 있는 경쟁자들을 이기는 방법에 관해 고민했거든요. 고민 끝에 내려진 답은 '하루 18시간씩 작곡에 몰두하자'였어요. 아르바이트하면서 작업하려면 시간이 부족하니까. 과감히 대출도 받았죠. 500만 원을 대출받았는데, 지금 가치로 보면 1,500만 원 정도 될 거예요. 겁이 없었죠. 이 책을 읽는 분들은 절대로 따라 하지 않았으면 좋겠어요.

음악으로 생계를 유지하는 사람들은 너무나 한정적이에요. 실용음악 하는 사람들 사이에서 '음악으로 먹고살 정도면 성공한 것'이라는 자조 섞인 말이 농담처럼 돌죠. 특히 음악은 레시피가 따로 없어요. 프로 작곡가들이 자신의 기술을 정말 철저하게 숨기거든요. 자신의 자리를 만들기 전까지 정말 힘들고 외로운 직업이라고 생각합니다.

▶ 작업실에서 한 컷

의지로 이뤄낸
작곡가라는
꿈

2019.09.22 PM 6:00
한국음악저작권협회
미친감성 4차 무료 특강

▶ 한국음악저작권협회 작곡 특강 중

▶ 코로나19의 여파로 온라인으로 진행된 작곡 특강

인생에 영향을 준 곡이 있다면 소개해주세요.

두 곡 정도 생각이 나는데요, 먼저 H.O.T의 <캔디>가 생각나요. 이 노래를 들으면서 댄서가 되고 싶었고, 어떻게 보면, 작곡가를 꿈꾸는 데 근본적인 계기를 만들어 준 곡이니까요. 또 다른 곡은 비틀즈의 <Let it be>입니다. 너무나 유명한 곡이죠. 음악을 배울 당시 스승님이 이 곡을 소개해주시면서 곡이 쓰일 당시에는 없었던 진행방식이라고 설명을 해주셨어요. 들어보면 진행이 간단한 듯하면서도 깊은 감동이 있는 곡입니다. 이 곡을 듣고 나서 처음으로 팝에 빠져들게 됐죠. 이후에는 R&B도 듣고 힙합도 들었죠. 음악적 경험의 폭을 넓히는 데 도움을 준 곡이에요.

음악을 하려면 돈이 많이 필요할 것 같아 도전하길 주저하는 사람들도 있어요.

저는 가정환경이 나쁜 편은 아니었지만, 음악 하는데 풍부한 지원을 받을 수 있는 환경은 아니었습니다. 부모님의 헌신이 컸어요. 당신이 하고 싶은 것 참아 가면서 지원을 해주셨어요. 심지어 작업실을 구할 돈이 없어서 집에서 작업을 시작했는데, 작업하려면 방음 시설이 필요해서 집에 컨테이너처럼 생긴 방음부스를 설치해야 했거든요. 제 방은 작아서 설치할 수 없었고 부모님 안방을 빼고 제가 안방을 작업실로 사용했어요. 그 정도로 부모님이 최대한 배려해주시고 지지해주셨어요. 현역으로 활발하게 활동하시는 작곡가님들을 보더라도 집이 부유해 처음부터 잘 갖추고 시작하신 분들은 없어요. 다들 어렵게 고생하면서 쌓아온 커리어죠.

어려운 환경에서 시작하는 게 오히려 더 큰 동기부여가 되기도 한다고 생각해요. 모두가 다 그렇지는 않겠지만, 저에게 배우는 작곡가들을 보면 경제 사정이 넉넉한 친구들보다 어려운 친구들이 더 열정이 커요. 절실한 사람을 절대 이길 수 없다고 생각합니다. 제가 음악을 시작할 때만 해도 장비를 꽤 많이 사야 했거든요. 요즘은 시대가 많이 바뀌어서 저렴하고 좋은 프로그램이나 저렴한 악기로도 시작할 수 있어요. 컴퓨터 하나, 그리고 10만 원 정도의 키보드 건반, 150만 원 정도면 작곡에 입문할 수 있습니다. 150만 원은 물론 큰돈이지만, 어떻게 보면 값싸다고도 생각해요. 아르바이트를 꾸준히 하면 만들어볼 만한 돈이니까요. 누구든 의지만 있다면 만들 수 있는 수준이라고 생각합니다.

Question 작곡가에 대한 오해가 있다면요?

일하고 싶을 때 일하고, 놀고 싶을 때는 놀고, 일하다가 스트레스 받으면 여행 가고, 이런 점들을 보면서 부러워하는 친구들이 있어요. 또, '음악'을 '취미'로 생각하는 시선이 있다 보니, 취미를 즐기면서 돈을 번다는 생각도 있는 것 같아요. 편하고 즐거운 일이라고 생각하는 거죠. 그런데 저는 반대로 직장 다니는 친구들이 부러울 때가 있어요. 작곡가는 누가 미래를 책임져 주지도 않고, 당장 다음 달의 모습도 상상하기 힘들 때가 많거든요. 바닥으로 내려갈 때는 끝도 없이 내려가는, 굴곡이 너무 많은 직업이라고 생각합니다. 항상 불안한 마음을 가지고 살아왔던 것 같아요. 유명 가수들과 즐거운 음악 작업 하면서 화려한 삶을 살고 있다고 생각하시는 분들도 있는데, 지금은 그게 맞을지도 모르겠어요. 어느 정도 음악 작업하는 동료들이 생겨나서 안정적이죠. 그런데 20대를 되돌아보면 생계는 막막하고 미래는 불투명해서 걱정이 많았던 것 같아요.

히트곡 한 곡으로 어느 정도 수익이 나는지 궁금해요

종종 작곡가는 히트곡 한 곡만 있어도 큰돈을 번다고 생각하는 분들이 있는데요, 예전에는 그랬을지도 모르겠어요. 한 번 유행하면 오랜 기간 재생되고, 음원 수익이 꾸준하게 들어왔으니까요. 그런데 요즘은 유행이 너무 빠르게 바뀝니다. 하루마다 순위가 변동되고 새로운 곡들이 쏟아져 나오거든요. 한 곡이 오랫동안 사랑받기가 힘들죠. 그래서 요즘 작곡가들은 다작(多作)을 합니다. 혼자서 많은 곡을 써내기 힘들기 때문에 공동작곡이나 협업하는 경우도 많아요. 물론, 방탄소년단같이 해외에서 성공하면 그건 좀 이야기가 달라져요. 국내시장에서 곡을 유행시키는 것과 세계를 무대로 메가 히트곡을 만들어 낸 것은 차이가 큽니다. 그런 경우는 한 곡만 성공해도 큰돈을 벌 수 있겠죠.

작곡가 다음의 커리어도 생각 중이신가요?

현재 '감성사운드'라는 팀을 이끌고 있습니다. 앞으로 이루고 싶은 꿈은 대한민국에서 작곡을 가장 잘하는 작곡가 30명 정도를 모아서 멋진 음악을 만드는 프로듀싱 팀을 꾸리는 거예요. 30명이면 각기 잘하는 분야가 다를 테니, 다양한 분위기의 곡, 다양한 장르의 곡을 만들어볼 수 있을 것 같아요. 그러면 여러 분야로 작업 폭을 넓힐 수 있을 거라고 생각해요. 광고음악이나 방송음악 쪽으로 진출을 할 수도 있고, 아이돌 프로듀싱을 할 수도 있을 거고요. 다방면으로 영향력 있는 팀을 운영하는 것이 저의 다음 목표입니다.

작곡가에 도전하는 학생들을 위해 한 말씀 해주세요.

 음악이 좋아서, 그냥 즐거워 보여서, '한번 해볼까?' 호기심에 가볍게 시작하기보다는 조금 더 책임감을 가지고 뛰어들었으면 합니다. 작곡으로 먹고살기까지가 너무나 힘들어요. 음악 하는 사람 중에 그걸 직업 삼아 살아남는 이들은 정말 적거든요. 작곡가에 대한 화려한 모습만 생각하고 가벼운 마음으로 시작하면 오래 가지 못할 거예요. 내가 내 주위에 있는 사람들보다 더 특별하게 노력을 할 수 있다는 자신이 있어야 살아남을 수 있습니다. 또, 다른 직종들에 비해 자리 잡기가 정말 어려워요. 힘든 순간을 이겨내려면 독한 마음을 가지고 시작을 할 필요가 있어요. 그래야 오랫동안 인정받는 작곡가가 될 거라 생각합니다. 열정과 끈기가 정말 중요해요. 열정을 가지고 정말 악착같은 마음으로 시작한다면 좋은 작곡가가 되리라 생각합니다.

유치원 시절 처음 피아노를 접했다. 중학교 음악 수업시간이면 반주를 도맡아했다. 교회며 학교에서 친구들과 함께 기타와 피아노를 연주하며 놀았다. 음악은 일상적이었고, 음악에 대한 흥미를 먼저 알아준 담임선생님 덕에 일찍 정해진 진로는 클래식 작곡 전공으로 이어졌다.

다만, 클래식 음악으로는 채워지지 않는 갈증이 있었다. 록 음악을 듣고 학창 시절 밴드를 꾸리며 키운 '다른 음악'에 대한 마음이 그를 학내 미디 클래스로 이끌었다.

'다른 작곡'이 그를 '다른 길'로 이끌었다. 신예 작곡가의 등용문 <유재하 음악경연대회>에 출전해 입상해 홈레코딩 장비를 구입한 것이 시작이었다.

2004년 광고계에 입문한 후 삼성, LG, 현대, 기아차 등 여러 기업의 광고음악을 거치며 그는 저마다의 메시지를 가진 광고에 어울리는 다양한 음악을 만들어온 그는 올해로 16년 차가 됐다.

광고주의 추상적인 언어를 구체적인 작법으로 번역하는 능력이 생겼다는 박형준 음악감독은 현재 광고음악뿐 아니라 영화 예고편, 게임음악, 그외 다양한 영상음악 작업에 활발히 참여하고 있다.

광고음악 작곡가

박형준 음악감독

현) CODA 대표
현) RHOONART 프로듀서
- 2004년 광고음악감독 입문
- 서울시립대학교 음악학과 졸업

작곡가의 스케줄

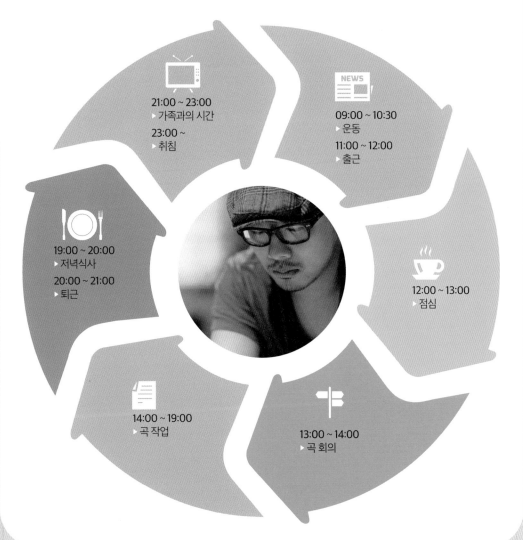

박형준 작곡가의 **하루**

21:00 ~ 23:00
▸ 가족과의 시간
23:00 ~
▸ 취침

09:00 ~ 10:30
▸ 운동
11:00 ~ 12:00
▸ 출근

19:00 ~ 20:00
▸ 저녁식사
20:00 ~ 21:00
▸ 퇴근

12:00 ~ 13:00
▸ 점심

14:00 ~ 19:00
▸ 곡 작업

13:00 ~ 14:00
▸ 곡 회의

피아노를
친구 삼던
어린 시절

▶ 1987년 피아노 연주

▶ 1989년 피아노 콩쿨 수상

▶ 1989년 피아노 콩쿨

Question 학창 시절에 어떤 학생이었는지 말씀해주세요.

음악을 좋아하는 학생이었어요. 어렸을 때부터 교회를 다니다 보니 자연스럽게 교회에서 반주도 하고 친구들과 어울려 여러 악기를 연주하며 청소년기를 보냈어요. 고등학생 시절에는 친구들과 밴드를 만들어서 록페스티벌에 나가는 등 조금씩 음악활동을 확장한 것 같아요.

Question 진로를 결정하는 데 도움을 받은 경험이 있을까요?

중학교 1학년 때 음악 선생님이 반주를 해보라고 하셔서 음악시간이면 늘 반주를 했어요. 중학교 3학년 때 같은 선생님을 담임선생님으로 만나게 됐죠. 선생님께서 제가 음악에 꾸준한 흥미가 있는 것을 아시고 여러 방면에서 지지해주셨어요. 작곡해보는 게 어떻겠냐고 권유한 것도 그 선생님이셨죠. 사실 그전까지는 작곡에 대해 크게 관심이 없었는데, 선생님의 조언으로 중학교를 졸업할 즈음부터 작곡 전공을 준비하게 됐어요. 이어진 고등학교 3년 동안 작곡으로 입시 준비를 했고 서울시립대학교 음악학과의 작곡전공으로 입학할 수 있었습니다. 재능을 발견해주시고 조언해주신 중학교 담임선생님께 지금도 정말 감사한 마음입니다.

학창 시절 성적과 현 직업 사이 연관이 있나요?

성적은 늘 중위권을 유지했어요. 때때로 중상위권의 성적이 나오기도 했고요. 하지만 작곡가로서 살아가는 것에 학창시절의 성적이 큰 영향을 준다고는 생각하지 않아요. 다만 제가 대학에 입학할 때만 해도 학교 성적이 입시에 반영되는 시대였기 때문에 공부를 등한시할 수는 없었어요. 지금 입시 전형에서도 100% 실기만 반영되는 대학도 있지만 내신을 반영하는 대학들도 많다고 알고 있습니다. 작곡이라는 한 우물만 파더라도 내신 때문에 발목을 잡혀서는 안 되니 균형을 맞추는 것은 필요하다고 봐요. 그런데 대학에 들어가 많은 것을 얻는 사람도 있지만, 반대로 너무 대학생활과 학점만을 좇다 보면 정작 작곡가로서 활동할 때 꼭 필요한 것들을 놓칠 수가 있어요. 성적에 너무 매진하기보다 외국어를 배워보는 것도 좋고요. 외국어를 잘하면 다양한 일을 할 수 있는 기회가 생겨요. 실제로 미국에 있는 보컬과 원격으로 작업할 때도 있는데, 영어가 가능하다면 곡에 대한 자세한 설명, 감정 등을 전달하기가 좀 더 수월하겠죠?

학창시절 교내·외 활동이나 에피소드가 있나요?

초등학교 저학년 때부터 록 음악을 자주 들었어요. 여섯 살 차이가 나는 형이 당시 팝이나 록을 많이 들었는데, 형이 듣는 노래를 같이 들었던 거죠. 자연스럽게 밴드음악에 귀를 기울이게 됐고, 고등학교 때는 친구들과 밴드를 만들었어요. 드럼을 연주할 친구를 학교 안에서 구하지 못해, 다른 학교에 다니는 친구를 섭외하기도 했네요. 그래서 생긴 에피소드도 있는데요, 방과 후에 모여서 연습도 하고 축제 시즌이 되면 다른 학교에 가서 공연도 했거든요. 그런데 공연 당일 드럼 연주자가 오지 않는 거예요. 같은 학교 친구들과는 이동 시간을 맞출 수 있었는데, 드럼을 연주하는 친구는 다른 학교에 다니니까 생겨난 해프닝이었어요. 공연 시작 전까지 속이 바싹 탔답니다.

Question 대학 생활 중 기억에 남는 활동이 있나요?

대학에서는 클래식 작곡을 전공했는데요, 제가 하고 싶던 음악과는 거리가 있으니 약간 목마름이 있었어요. 그렇게 대학 생활하던 중 복학한 선배가 자체적으로 학내에 미디(MIDI) 클  래스를 만들었어요. 선배의 주도 아래 몇 명의 학생들이 저녁 마다 모여서 미디를 배웠어요. 방학 때도 모여서 공부를 했죠. 학 교 수업도 미디 클래스도 정말 열심히 했어요. 그렇게 모임을 하던 중 선배가 어릴 때부터 꼭 〈유재하 음악경연대회〉에 나가고 싶었다고 말하는 걸 들었어 요. 유재하 음악경연대회는 송라이터들의 가요계 등용문 같은 대회였어요. 조규찬 씨를 비롯, 유희열 씨, 방시혁 씨 등 많은 작곡가가 참가했던 대회에요. 선배가 그 대회를 준비 하는 모습이 제게는 커다란 동경으로 다가왔어요. 동경하는 마음이 자연스럽게 나도 출 전해봐야겠다는 결심으로 이어졌죠. 이후 감사하게도 대회에서 수상하게 됐고, 그때 받 은 상금으로 미디 음악 하는데 필요한 장비들을 구입했습니다. 이런 과정들을 통해 자연 스레 제가 하고 싶었던 음악을 졸업 전부터 시작할 수 있었어요.

Question 진로결정 시 도움을 준 활동이나 사람이 있나요?

서울시립대 음악학과 작곡 교수님이셨던 김성기 교수님입니다. 교수님은 기본기의 중요성을 아주 많이 강조하셨는데요, 교수님의 수업을 통해 화성의 기초를 다시 쌓는 과정이 너무나 유익했습니다. 열정이 많은 교수님이셨어요. 학기 중에 과정을 다 마치 지 못하면 방학에 따로 시간과 돈을 들여 학교에서 수업해주셨어요. 그 당시에는 너무 나 힘들었지만 되돌아보니 그때 배웠던 기초가 많은 도움이 되었습니다. '기본에 충실 해야 한다'는 작곡의 핵심을 배우는 소중한 시간이었어요.

광고음악으로
경력을
시작하다

▶ 공연 중에

▶ 대학교 밴드

▶ 대학교 졸업공연

Question 광고음악을 시작하게 된 계기는 무엇인가요?

군대도 이왕이면 음악을 할 수 있는 곳으로 가고 싶었어요. 그러던 중 경찰악대가 있다는 걸 알게 됐고, 대학교 3학년 때 경찰악대로 입대했습니다. 군 생활을 마치고 복학하니 4학년이 되었고, 졸업을 앞둔 시기에 이미 광고음악으로 진출한 선배들이 있었어요. 졸업반이고 그 당시 집안 사정으로 돈도 필요했는데, 출근하지 않고 집에서 작업해서 음원 파일을 보내도 괜찮다는 이야기에, 졸업 전부터 일을 시작하게 되었죠. 그렇게 시작한 일을 16년째 하고 있네요.

Question 아이디어 도출부터 작곡까지의 과정을 소개해주세요.

광고음악 작곡의 과정을 간략히 설명하자면, 먼저 광고주가 광고대행사에 A라는 제품을 의뢰합니다. 그러면 대행사는 A를 홍보하는 광고 안 몇 가지를 올리고, 선택된 안으로 프로덕션의 감독이 촬영에 들어갑니다. 수 시간에 걸쳐 촬영을 마치면 편집실에서 콘티의 내용대로 15, 20, 30초의 편집본을 만들어요. 그렇게 완성된 편집본에 자막, 그래픽, 합성 등 필요한 작업을 더하면 최종 편집본이 완성돼요. 광고음악 담당자는 그걸 보면서 음악을 구성합니다. '공무원 시험 합격은 OOO', '여름이니까~ 아이스커피~' 처럼 가사가 있는 CM송도 광고음악의 한 분야고요, 자동차, 스마트폰, 화장품 등의 광고에 삽입되는 가사 없는 음악도 만듭니다. 이런 경우에는 기존에 출시된 음악을 사용하기도 하고 영상에 어울리는 음악을 새로 만들기도 해요. CM송의 경우, 기억에 남는 후크송(Hook Song)을 원하는 경우가 많아요. 동시에 광고 카피나 제품명을 곡에 감각적이고 유니크 하게 담아야 하고요. 귀에 걸리게끔 멜로디도 만들어야 하죠.

또, 광고음악을 하려면 정말 많은 감정을 다룰 줄 알아야 해요. 익숙해야 하고, 표현할 수 있어야 하고요. 장르도 가리면 안 돼요. 재즈를 할 때도 있고 펑키한 스타일의 음악을 할 때도 있고, 록을 해야 할 때도 있어요. 요즘은 트로트를 많이 만드네요. 이런 여러 가지 장르에 대한 이해도가 없다면 광고음악에 접근하기가 어렵습니다. 한 가지 장르로 음악의 정점을 찍는 일도 좋지만, 광고음악에는 다양한 음악을 아우를 수 있는 능력이 필요합니다.

Question '오디오 PD'와 '광고음악 작곡가'의 차이는 무엇인가요?

오디오 PD는 작곡하는 사람이 아닙니다. 후반작업이 끝난 편집본에 어떤 스타일의 음악이 어울릴지, 성우는 어떤 사람이 적합할지 등에 대해서 조율하는 사람이에요. 오디오 PD가 '우아하게' 혹은 '쿨하게'라고 추상적으로 표현한다면, 음악감독은 그 요청을 음악으로 구체화시키는 작업을 합니다. 저도 오디오 PD를 몇 년 해본 경험이 있는데요, 콘티를 보면서 어떤 음악이 어울릴지, 기존에 있는 곡들 중에서는 어떤 음악이 영상미를 끌어올려 주는지 선곡하는 일 등을 했어요. 광고 분야에서 활동하고 있는 오디오 PD들이 10여 명 정도 있는데 특이하게도 음악 전공자가 없어요. 이분들은 음악이 좋아서 취미로 폭넓게 듣다가 오디오 PD가 된 거예요. 오히려 음악 전공자보다 폭 넓은 장르의 음악을 알고 있는 경우도 많습니다. 이렇듯 광고음악은 '다양하게 아는 것'이 중요해요.

작곡가가 된 후 첫 업무는 무엇인가요?

2004년에 만든 통신사 KT의 광고였어요. 탤런트 김정은 씨가 출연한 '링고'라는 통화연결음 서비스 광고였어요. TV에 광고가 나올 때마다 뿌듯하고 신기했었죠.

 **자신이 작곡한 곡 중에 대표곡이라고 할 만한 곡을 소개해주세요.**

가장 기억에 남는 곡을 고르자면 첫 메가 히트작인 현대카드의 광고음악이에요. "아버지는 말하셨지 인생을 즐겨라!"라는 가사의 CM송인데, 이 곡으로 많은 사랑을 받아서 기억에 남습니다.

그리고 2018년 평창올림픽 때 작곡했던 패럴림픽 국가대표 공식응원가도 영광이면서 자랑스럽습니다. '하나 된 열정'이라는 슬로건을 가지고 곡을 썼는데, 패럴림픽 응원가여서 더 의미있었던 것 같아요. 미처 관심을 갖지 못했던 부분을 이 곡을 작곡하면서 깨닫게 됐어요. 작업하면서 패럴림픽을 준비하는 선수들의 열정과 훈련 과정을 가까이에서 볼 수 있었는데, 정말 대단한 일이라는 걸 알게 됐어요. 또, 작곡 과정에서 아내가 작사하고 제가 작곡하고 딸이 한 소절 정도 노래를 불렀는데, 이렇게 가족들과 함께 만든 곡이 국가대표 공식응원가로 채택이 되면서, 대회 내내 불리고 대회에 출전한 선수들에게도 힘이 된 것 같아서 많이 행복했던 기억이 있습니다. 인지도가 높은 곡은 아니지만 제 인생에 남을 대표곡이 아닐까 생각합니다.

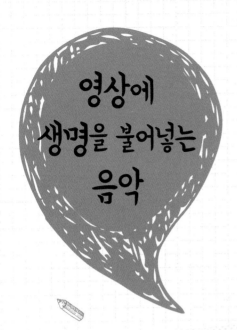

영상에
생명을 불어넣는
음악

▶ 작업실

▶ 작업실에서

▶ 현재 작업실에서 한컷

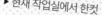

다른 작곡가의 곡 중에
특히 좋아하고 즐겨듣는 곡이 있나요?

너무나 많아서 고르기 힘든데요, 우선, 제 인생에 가장 지대한 영향을 미친 '데이비드 포스터'를 얘기할 수 있을 것 같아요. 대 작곡가인 그의 음악세계에 큰 충격을 받았죠. 그 외에도 밴드음악, 재즈 등 다양한 분야에서 제게 영향을 주는 아티스트들이 정말 많아요. 딱 한 곡, 딱 한 명 짚어 정하기는 너무나 어려운 일인 것 같아요. 장르와 시대를 구분하지 않고 폭넓은 음악을 들으면서 너무나 많은 영향을 받고 있기 때문에 광고음악을 하고 있는 게 아닐까 생각합니다.

작곡가가 되고 나서 새롭게 알게 된 점이 있다면요?

조금 현실적인 이야기일 수도 있는데 광고음악은 철저하게 상업적인 음악이에요. 예술적인 음악과는 거리가 있어요. 내가 원하는 방향의 예술성을 나타내기보다 물건을 만들어서 파는 느낌이라고 이해하면 편할 것 같아요. 제가 나름 작가적인 마음을 가지고 작업해서 결과물을 보내면 컨펌하는 과정에서 결정권자들이 다른 의견을 내놓아요. 그들은 음악 전문가가 아니기 때문에 결정하는 과정에서 무리한 요구를 할 때가 많아요. 음악이라는 분야가 워낙 주관적인 호불호가 반영될 수밖에 없다 보니 어느 정도 이해는 하지만, 나름 열심히 만든 결과물에 '별로'라는 피드백을 받으면 마음이 어렵죠. 처음 광고음악을 시작했을 때는 그런 일들 때문에 많이 힘들어했던 것 같아요. 또, 의뢰인들이 피드백을 애매하게 해주는 경우도 많아요. 그럴 때는 피드백을 잘 걸러내서 야무지게 이해해야 해요. 예를 들어, '후반부에는 동작이 더 돋보이게!'라는 피드백을 '비트를 더 강화하고 클라이맥스로 이끌어서 신나게 마무리!'로 이해하는 능력이 필요합니다.

광고음악은 광고주들이 원하는 스타일을 최대한 빠르게 높은 퀄리티로 만들어 내는 것이 중요한 장르예요. 하루 만에 음악을 만들어 내야 하는 일도 있죠. 나의 음악적 색깔보다는 광고주의 니즈를 맞춰야 한다는 점에서 상당한 스트레스도 있습니다. 학창시절 꿈꾸던 '여유롭고 자기 작품세계가 있는 작곡가'의 삶과는 조금 동떨어진 모습이기도 해요. 하지만 소득이 다른 순수예술작곡 분야에 비해 높다는 장점도 있습니다. 광고의 유통기한이 보통 3개월 정도기 때문에 광고가 사라지면 음악도 기억에서 잊히는 경우가 대부분이지만, 내가 만든 곡으로 인해 브랜드가 유명해지고 그 광고음악을 사람들이 흥얼거리는 모습을 볼 때는 또 다른 희열을 느끼기도 하고요. 저도 광고에 익숙해졌기 때문이겠죠?

 **다른 분야와 협업을 한다면 어떤 분야가 좋다고 생각하나요?**

VR이나 게임음악, 영화음악 등 다양한 영상 분야와 협업하는 것이 좋다고 생각합니다. 영상에 음악이 없다고 상상해보세요. 정말 심심하거든요. 영상에 음악이 없으면 힘을 잃어요. 음악은 음악 자체로도 감상이 가능하지만 영상은 오디오가 빠지면 날개를 잃은 것이라 생각합니다. 웹툰이나 애니메이션 광고, 영화 등 이미 나와 있는 분야 말고도 더욱 다양한 영상분야와 협업하는 것이 좋은 시너지를 낼 거라고 생각합니다.

Question 20년 후 작곡가라는 직업은 어떻게 변할까요?

인공지능의 발달이 가속하면서 최근엔 그림을 그리는 인공지능, 작곡하는 인공지능이 나오고 있어요. 인공지능을 통해서도 그럴싸한 음악들이 나오는 거죠. 과학이 발달하는 속도가 너무 빠르니까 20년 후에 뭐가 어떻게 변할 거라고 단정 짓기가 어렵네요. 제가 상상하지 못할 만큼 더욱 자연스럽고 좋은 곡들을 만드는 AI가 곧 많아질 거라 생각해요. 그러나 음악에는 분명 사람만이 표현할 수 있는 감성의 영역이 있기 때문에 모든 것을 인공지능이 대체할 수 있을 거라고는 생각하지 않습니다. '사람만이 느낄 수 있는 감정과 경험'이라는 게 있을 테고 음악은 결국 사람이 듣는 거니까요. 인공지능을 잘 활용하고 인공지능으로 구현할 수 없는 부분을 채워주는 작곡가가 필요한 세상이 되겠지요.

Question 작곡가를 꿈꾸는 사람들에게 한 말씀 해주세요.

작곡가가 일할 수 있는 장르는 너무나 많아요. 광고음악은 많은 장르 중 한 부분일 뿐입니다. 광고음악 작곡가로서 해 주고 싶은 말은 다양하고 폭 넓은 음악을 골고루 경험해 보라는 것입니다. 음악 자체만으로는 별 매력 없던 음악이 영상과 함께 섞일 때 시너지를 발산하며 보석처럼 빛나는 경우가 있어요. 이럴 때 희열을 느낍니다. 광고음악에 관심이 있는 분들이라면 이런 짜릿함을 함께 느껴보았으면 합니다. 작곡에 있어 중요한 능력은 내 속에 있는 생각들을 잘 표현해내는 것입니다. 아무리 좋은 생각이 있어도 표현력이 떨어지면 들려줄 수가 없습니다. 표현력을 높일 수 있는 방법을 한 가지 소개하자면, 악보를 보지 않고 느낌대로 연주해 보는 거예요. 악보에 과하게 의존하는 경우가 많은데, 물론 이론도 중요합니다. 그러나 이론에 너무 묶여 있으면 즐기지를 못해요. 음악을 이론으로 다가가기보다는 틀려도 괜찮으니 자유롭게 즐겨 보세요. 그러다 보면 나만의 스타일도 생기고 내 속에 있는 것들을 표현해내기가 한결 편안해질 거예요. 즐기는 사람을 이길 수 없습니다. 잘 모른다고, 조금 틀릴 것 같다고 겁내지 말고 음악을 즐기는 사람이 되길 바랍니다.

돌아보면 진로 선택은 늘 충동적이었다. 공부에 흥미가 없어 선택한 실용음악과, 경제 상황이 괜찮던 시기 문득 결정한 유학행. 선택은 충동적이었지만, 충동적인 선택에 늘 책임을 졌다. 선택한 진로는 재수하면서까지 고수했고, 유학길에 올라서는 어떤 분야에서 밥벌이를 할 수 있을 것인지 진지하게 고민했다. 그 결과, 노력으로 타고난 재능을 보완할 수 있는 분야, '작곡'을 밥벌이 삼게 됐다. 혼자 시작한 작곡 생활은 가끔 힘들었고, 자주 즐거웠다. 문득 길거리에서 내 음악이 흘러나오는 날이면 더없이 행복했다.

이제 '하고 싶지 않은 작업에서도 나름의 즐거움을 찾는' 직업인으로서의 작곡가를 말하는 그는, 현재 작곡가로, 또 〈강남인디레코드〉의 대표로 활동하고 있다.

강남인디레코드
서기준 작곡가

현) 강남인디레코드 대표
- 미국 Berklee college of music
- 전)강동대학교 강사
- 전)동아방송대학교 강사
- 전)KC대학교 강사

작곡가의 스케줄

서기준 작곡가의 하루

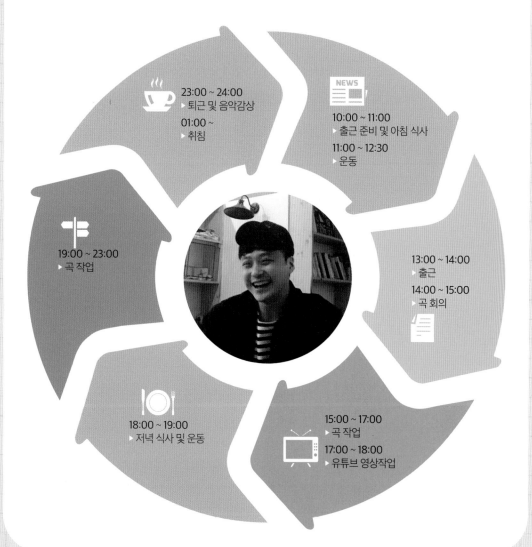

23:00 ~ 24:00
▶ 퇴근 및 음악감상
01:00 ~
▶ 취침

10:00 ~ 11:00
▶ 출근 준비 및 아침 식사
11:00 ~ 12:30
▶ 운동

19:00 ~ 23:00
▶ 곡 작업

13:00 ~ 14:00
▶ 출근
14:00 ~ 15:00
▶ 곡 회의

18:00 ~ 19:00
▶ 저녁 식사 및 운동

15:00 ~ 17:00
▶ 곡 작업
17:00 ~ 18:00
▶ 유튜브 영상작업

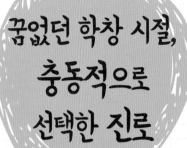

꿈없던 학창 시절,
충동적으로
선택한 진로

▶ 대학생활 중 녹음실

▶ 버클리 음대 녹음실에서

▶ 버클리 음대 대학생활

학창시절에는 어떤 학생이었나요?

'평범한 가정' 하면 딱 떠오르는 풍경이 있잖아요? 그게 우리 가족의 모습이었어요. 화목한 분위기, 부족하지도 넘치지도 않는 경제 수준 속에서 지극히 평범한 학창 시절을 보냈죠. 고등학교 3학년 때까지 울산에서 살았는데, 항상 친구들과 어울려 노는 것을 좋아하는 학생이었습니다. 공부에는 전혀 관심이 없었고 어떻게 하면 오늘을 재미있게 보낼 수 있을까에 관해서만 고민을 많이 했던 것 같아요.

음악은 늘 익숙하고 친근했어요. 교회를 다니면서 성가대에 자연스럽게 들어가게 되었고 교회에서 형, 누나들과 함께 성가대 연습하면서 악기도 조금씩 배웠죠.

 음악을 시작하게 된 계기는 무엇인가요?

고2 때 실용음악 학원을 다니기 시작했는데 단지 공부하기 싫어서였어요. 예고가 아닌 일반 학교를 다녔는데, 그냥, '예체능반에 들어가면 아무래도 공부를 덜 하지 않을까'하는 생각에서 한 선택이었죠.

실용음악과로 진로를 정한 것도 뚜렷한 목표가 있어서는 아니었어요. 고등학교 졸업 후 뭘 해야 할지 막막한 마음에 대학을 진학하려는데, 익숙하고 그나마 내가 잘 할 수 있겠다고 생각했던 게 음악이었어요.

늦게 시작한 탓인지 처음에는 대학 진학에 실패했고요, 서울로 올라와 1년간 다시 준비해서 실용음악과에 진학했어요. 실용음악 전공하면서도 작곡가가 되어야겠다는 목표는 없었어요. 꿈은 없는데 대학은 가야 한다는 생각에 선택한 학교였으니까요.

Question 유학을 선택한 계기가 있나요?

삶을 되돌아보니 정말 충동적인 선택이 많았던 것 같아요. 대학을 다니다가 유학을 결심했어요. 그 당시 어머니가 사업을 하셨는데, 가정형편이 조금 괜찮아져서 충동적으로 유학을 결심했습니다. 미국이 공부하기에 좋은 나라라고 생각했었고, 음악 분야는 미국으로 유학을 많이 가거든요. 이미 많은 유학 사례가 있어 유학 준비가 어렵지 않은 나라이기도 하고요. 그래서 미국 버클리 음대로 2학년 때 유학을 갔습니다.

Question 버클리 음대 진학에 어려움은 없었나요?

흔히들 버클리 음대라고 하면 너무 대단하고 들어가기 힘든 학교로 생각하세요. 그런데 재학생들끼리는 '과대포장이 된 학교'라고 이야기하곤 합니다. 고등학교 때까지의 학업 성적은 진학에 크게 작용하지 않아요. 음악 비중이 크기 때문에 입학에는 큰 어려움이 없었어요. 어려움은 다른 데 있었죠. 미국은 학비가 워낙 비싸요. 또, 한국과는 다르게 입학보다는 졸업이 까다롭습니다. 좋은 학점을 받기가 어려워요. 한국에서는 입학이 어렵고 입학하게 되면 어떻게든 졸업하게 되잖아요. 미국은 그 반대죠.

Question 유학시절 언어 장벽은 어려움은 어떻게 극복하셨나요?

9개월간 어학원에서 공부했습니다. 버클리 음대는 워낙 다양한 인종의 학생들이 많기 때문에 교수님들이 배려를 많이 해주세요. 수업도 비교적 쉬운 단어들로 천천히 진행하시고 잘 모르면 친절하게 설명해주십니다.

Question 유학 중 생계에 어려움은 없었나요?

부모님이 사업을 하셨기 때문에 경제 상황의 굴곡이 정말 심했어요. 미국에 처음 갔을 때 첫 학기는 경제 상황이 좋아서 어려움이 없었지만, 그 이후로 상황이 너무 안 좋아져서 신발을 주워 신을 정도로 가난하게 살았습니다.

Question 유학생활 중 기억에 남는 활동이 있나요?

버클리 음대 재학 중 밴드를 만들었습니다. 버클리에서는 공연을 할 수 있는 무대가 게임 레벨업 하는 것처럼 단계가 나누어져 있어요. A-1, B-1, C-1, 이런 식으로 구역을 나누어 놓았는데 버클리 퍼포먼스 센터에서 공연하기 위해서는 앞의 A-1, B-1, C-1, 이런 여러 개의 공연 구역에서 모두 공연해야 합니다. 그곳에서 공연하고 싶어서 도전하는 팀들도 많이 있어요. 우리 밴드에게도 버클리 퍼포먼스센터는 꼭 서보고 싶은 무대였는데, 끝내 공연은 하지 못했어요. 아직도 작은 아쉬움이 남습니다.

길거리에서
내 음악을
들었던 날

▶ <불후의명곡> 편곡 리허설 무대

▶ <4가지쇼> 니엘편 방송 출연

▶ '달샤벳'과 녹음실에서

작곡가로 진로를 선택한 결정적인 계기가 있다면요?

유학 생활 중 작곡가가 되어야겠다고 결심하게 됐어요. 노래나 악기 연주에서는 따라잡을 수 없는 실력 차가 있다고 느꼈거든요. 아무리 노력해도, 넘을 수 없는 벽이 있었어요. 평범한 목소리를 가졌다면 아무리 연습해도 목소리 좋은 친구가 잠깐 연습한 결과물을 따라가기가 힘든 거구나, 생각했죠. 노래는 타고나는 거구나, 라고도 생각했고요. 하지만 작곡은 그렇지 않죠. 부족한 실력을 갖추고 있더라도 노력으로 극복할 수가 있어요. 예를 들어, 축구선수로서 성공하는 것과 축구 코치로서 성공하는 것, 물론 둘 다 어렵고 힘든 일이겠죠. 하지만 선수로 성공하는 데는 타고난 신체조건에 더해 노력이 필요합니다. 축구 코치는 타고난 신체조건까지는 필요 없어요. 전술에 대한 이해, 선수에 대한 관심과 적절한 대응 법을 익히면 되죠. 음악도 마찬가지라고 생각합니다. 작곡은 배우면 배울수록 하면 할수록 늘어요. 노력으로 재능을 보완할 수 있는 직업이라 판단했고, 대학교 2학년 때부터 작곡을 하기로 마음먹었습니다.

진로 결정에 도움을 준 사람이 있나요?

미국 유학 중에 박창현 작곡가님이 후배로 들어왔어요. 정말 많은 히트곡을 쓰신 분이죠. 미국에는 선후배 문화도 없고 한국인들도 많지 않아서 금방 친해졌어요. 곡을 써서 들려주고 어떻게 쓰면 더 좋아지는지 여러 가지 방법들을 작곡가님에게 많이 배웠어요. 그런 과정에서 자연스럽게 작곡가로 살아가야겠다는 결심이 생긴 것 같아요.

Question

작곡가로서 자리를 잡을 때까지 힘든 점은 무엇이었나요?

대학을 졸업하고 한국에 돌아와서 공익근무요원으로 군 생활을 마치고 나니 28살이었어요. 그때부터 작곡을 시작했는데 누구 밑에서 함께 일 하면서 배우기에는 조금 늦은 나이였죠. 혼자 시작하다 보니 힘든 점이 생기더라고요. 멘토로 함께하면서 방향을 제시해 줄 수 있는 사람이 있었다면 조금 더 빠르고 더 멀리 갈 수 있지 않았을까, 하는 아쉬움이 남습니다.

Question

작곡가 활동 중 행복했던 순간은 언제인가요?

제가 작곡한 곡이 길거리에서 들리면 보람을 느낍니다. 정말 신기하기도 하고요. 제가 작곡한 곡 중에 케이윌의 <내게 와줘서>라는 곡이 있는데 그 곡을 홍콩의 어느 상점에서 들은 적이 있습니다. 너무 신기하고 행복했습니다. 상점 직원이 영상은 찍지 못하게 하는 바람에 그 순간을 남겨놓지는 못했지만 정말 행복했던 순간입니다.

작곡한 곡 중 가장 애정을 품고 있는 곡은 무엇인가요?

무래도 데뷔곡이 가장 기억에 남습니다. 일본 가수 코다쿠미 씨의 10집 앨범 수록곡 <Love Technique>이 데뷔곡이었는데요, 일본 가수들을 몇 명 알지 못하는데, 그 몇 명 모르는 가수 중에 아는 가수가 제 곡을 불러줘서 정말 믿기지 않았습니다. 코다쿠미 씨는 우리나라로 치면 이효리 씨 같은 가수라고 생각하면 비슷할 것 같아요. 예전에 아유미 씨 가 부른 <큐티 허니>의 원곡 가수가 코다쿠미 씨입니다. 원래 이 곡은 한국의 포미닛을 겨냥하고 작곡한 곡이었는데, 일본의 코다쿠미 씨에게로 가게 됐어요. 소식을 들었을 때 정말 믿기지 않아서 제작사가 귀찮아할 만큼 "정말 진행이 되는 게 맞나요?"라고 계속 전화했었던 기억이 납니다.

아이디어 도출부터 작곡까지의 과정은 어떻게 되나요?

장르마다 조금씩 순서는 다르지만, 우선 그 장르의 노래를 계속 들으면서 생활을 합니다. 그러다가 좋은 리듬이나 코드가 있으면 따로 저장해두고 본격적으로 작업에 들어가기 전 저장해둔 것을 들어보면서 내 스타일대로 바꾸어보는 과정을 반복합니다. 음악에 대한 생각은 사람마다 다를 수 있겠지만, 저는 기존 곡을 듣는 경험이 쌓이고 쌓여서 곡을 쓸 때 무의식적으로 영향을 준다고 생각해요. 완전히 새로운 곡을 써낼 수 있다고 생각하는 사람도 있을 거예요. 그렇지만 저는 나올 만한 코드진행 방식이나 멜로디는 새로운 것을 찾아볼 수 없을 만큼 다 나왔다고 생각합니다. 작곡은 그동안 있던 곡을 어떻게 내 방식대로 풀어내느냐의 차이라고 생각해요. 아무튼 그렇게 주선율인 기본 멜로디를 만들어 놓고 그다음에 작사를 합니다. 발라드 작곡을 할 때는 작사를 먼저 하는 편인데, 발라드에서는 가사가 더 중요하다고 생각하거든요. 가사를 적어놓고 멜로디를 가사에 맞게 만들어 냅니다. 시기별로 관심 있게 듣던 장르나 스타일이 다른데, 듣는 음악의 느낌이 작곡에 들어가기 때문에 다양한 장르, 여러 스타일의 노래들을 골고루 듣는 편입니다.

직업인으로서
작곡가

▶ 악동뮤지션 이찬혁 님과 함께 첫 녹음

▶ 크레용팝과 음악 녹음 중

▶ 악동뮤지션 와이지 녹음실에서

▶ 작업물

음악하려면 정말 돈이 많이 필요한가요?

음악하면서 돈이 많은 시기와 없는 시기를 둘 다 겪었습니다. 음악을 하고자 할 때는 가정의 경제 상황이 좋은 편이었지만 작곡을 하고자 마음먹은 이후로는 너무 힘든 환경이었어요. 제 생각에는 음악하기 위해서는 돈이 분명 필요합니다. 그러나 경제적으로 풍요롭다고 해서 좋은 작곡가가 되는 것은 아니라고 생각해요. 저는 대학 졸업 후에 한국으로 돌아왔을 때 돈이 너무 없어서 친구 집에 얹혀살 정도로 힘들게 음악을 시작했습니다. 아르바이트하고 잠을 줄여가며 곡을 쓰는데 이렇게 작곡하다 보니 절박한 마음이 나를 움직이게 만들어요. 잠을 줄여가며 작곡하는데 그냥저냥 시간을 보내기가 너무 아까워서 악착같이 살게 됩니다. 주변에 작곡하는 친구들을 보더라도 처음에는 가족의 지원을 받아 가며 음악 하는 부러운 친구들이 있는데 그런 친구들은 대부분 절박함이 부족한 모습이었습니다. 마음도 왔다 갔다, 작곡이 풀리지 않으면 그만두기도 하고요. 그에 반해 가정형편이 어려운 작곡가들은 정말 열심히 해요. 음악하려면 돈이 필요하지만 없다고 못 하는 게 아니라는 거죠.

돈이 필요한 수준도 다른 분야에 비해 특별히 많은 건 아니라고 생각해요. 음악이 아닌 다른 분야에도 강남의 유명 학원에 다니고 과외를 받아 가면서 하는 학생들이 있잖아요? 음악도 유명 학원에 다니고, 좋은 장비를 갖추는 방법이 있겠죠. 하지만, 가성비 좋은 장비들도 많이 있고 싼값에 등록할 수 있는 학원들도 많이 있습니다.

Question 작곡가에 대한 오해가 있다면요?

저작권료가 많이 나올 거라고 생각하시는 분들이 종종 있습니다. 그런데 저작권료만으로 살아가는 작곡가는 그리 많지 않습니다. 실은 터무니없을 정도로 적은 금액이 들어와요. 그마저도 첫 정산 때 가장 많이 들어오고 그 이후로 꾸준히 줄어듭니다. 지나간 노래들은 잘 안 듣고 너무나 많은 노래가 쏟아져 나오니까요. 많은 노래가 나오는 만큼 유행도 주기가 짧습니다. 예전에는 댄스곡 작곡가들이 돈을 많이 벌었는데, 요즘은 유행에 민감하지 않은 무난한 곡을 작곡하는 것이 돈은 더 잘 벌립니다.

Question 명문 대학 졸업이 현 직업에 영향을 주나요?

대학은 성공하는 작곡가의 기준이 전혀 아닙니다. 좋은 대학을 나왔다고 해서 기획사에서 우대해 주는 건 하나도 없어요. 대중들도 작곡가가 졸업한 대학에 따라 노래를 좋아해 주는 게 아니잖아요? 작곡가는 오로지 좋은 음원으로 승부를 봅니다. 이력서가 화려하더라도 판단 기준은 MP3 파일이죠.

대학을 가는 데는 장점, 단점이 다 있어요. 단점은 필요 없는 것들을 너무 많이 배운다는 거예요. 대학에서 배우는 건 현업에서 실제로 사용하는 것들과는 차이가 있습니다. 비싼 학비를 내고 오랜 시간을 들여서 꼭 필요하지 않은 것들을 배운다는 생각이 들어요. 장점은 대학에서 음악을 함께 할 수 있는 친구들을 만날 수 있다는 거예요. 음악은 혼자 하는 것이 아닙니다. 사회로 나갔을 때 협업을 할 수 있는 동료들, 다양한 분야의 음악인들을 학교에서 만날 수 있어요. 여러 사람과 여러 장르의 음악을 경험하다 보면, 내 음악의 폭이 넓어져요. 그게 대학 진학의 가장 큰 장점이라 생각합니다.

 **Question**
다른 분야와 협업을 한다면 어느 분야가 좋다고 생각하시나요?

음악과 영상은 좋은 시너지를 내는 것 같아요. 음악만 나오는 것도 좋지만, 영상과 함께 음악을 들으면 더욱 큰 감동이 오기도 하니까요. 특히 영상 중에서는 음악이 없는 것을 더 찾기 어려울 정도죠. 대부분의 영상에 음악이 사용되니까요.

Question
미래에 작곡가라는 직업은 어떻게 변화할까요?

작곡의 진입장벽이 점점 낮아지고 있어요. 예전에는 장비들도 많이 필요했고 작곡 공부하기도 그리 쉽지는 않았던 것 같아요. 그런데 요즘은 저렴하고 성능 좋은 장비들도 정말 많이 나와 있고, 좋은 교육 영상들도 많아서 작곡을 배우는 것도 좀 더 쉬워졌어요. 그래서 저는 미래에, 작곡가들 사이의 경쟁이 지금보다 심해질 거라고 생각합니다. 아마 더 창의적이고 다양한 장르의 음악을 소화해야 자기 경쟁력을 가질 수 있는 시대가 오지 않을까 해요. 더욱 실력만으로 승부를 보는 때가 오지 않을까 생각합니다.

Question
학창 시절 또는 지금 가장 즐겨듣는 노래가 있다면요?

용감한형제 작곡가님이 작곡한 AOA의 <짧은치마>예요. 정말 잘 만든 곡이라고 생각합니다. 멜로디가 발전되는 형태가 너무나 좋은 곡입니다. 노래를 듣는 내내 긴장감을 주었다가 풀었다가 하는 완급 조절이 정말 인상적인 곡입니다.

작곡가님의 이후 비전을 말씀해주세요

폴킴의 <모든 날 모든 순간>이라는 곡이 있어요. 이 곡은 3년간 음악차트 50위 아래로 내려간 적이 없는 곡입니다. 제 곡은 아닌데요, 이 곡처럼 한순간 유행하고 사라지는 곡이 아니라 꾸준히 사랑받는 곡을 쓰고 싶어요.

작곡가를 꿈꾸는 학생들에게 한 말씀 해주세요

남들이 보기에 멋있을 것 같아서, 또는 돈을 많이 벌고 유명한, 그야말로 화려한 삶을 살고 싶어서 작곡가를 선택하는 것은 아닌지 한번 생각해봐야 합니다. 작곡가를 직업으로 깊게 생각해보셨으면 해요. 생계를 유지할 수 없으면 아무리 좋아하는 일이라도 오랜 기간 할 수 없습니다. 때로는 내가 하고 싶지 않은 곡 작업도 해야 하고 때로는 내가 추구하는 방향이 아닌 음악 작업도 해야 합니다. 물론, 이 작업에도 나름의 즐거움은 있어요.

축구로 예를 들어볼게요. 축구는 골을 넣어야 점수가 나는 스포츠죠. 하지만 모두가 스트라이커가 될 수는 없어요. 골을 많이 넣는 선수가 되고 싶어 축구선수가 되었더라도 수비수 포지션을 담당해야 하는 경우도 있고, 미드필더 역할을 해야 할 때도 있죠. 또, 골을 막아내는 골키퍼나 심지어 그라운드를 뛰지 않는 감독 혹은 코치로 게임에 참여할 수도 있어요. 골을 넣어야 점수가 나는 게임이지만, 골을 넣는 사람만 게임에 진짜 참여하는 건 아니죠. 감독이나 코치가 골을 '직접' 넣지 못했다고 불행한 것도 아니고요. 이처럼 작곡가도 생계를 유지하기 위해서 내가 하고 싶지 않은 음악을 하거나 생소한 분야의 음악을 작곡할 수도 있습니다. 하지만 그 자리에서 주어진 역할을 잘 수행해 낸다면 내가 추구하는 음악 못지않은 행복이 찾아옵니다. 너무 경직된 자세로 이상적인 음악만을 추구하기보다 작곡가를 '직업'으로 대하는 마음가짐을 가지고 진로를 시작하시길 바랍니다.

음악은 꾸준히 즐겨온 무엇이었지만, 음악을 진로로 선택하기까지는 여러 분야를 거쳤다. 중학교에 진학할 즈음에는 공부를 해야 한다는 생각에 잠시 음악을 내려놓기도 했다. 하지만 음악에 대한 열정은 쉽사리 줄어들지 않았고, 고등학교 앞 실용음악학원을 수없이 서성거린 끝에 다시 한 번 음악에 도전했다.

불안정한 미래에 부모님의 걱정도 따랐지만, 영상음악 작곡가로 '입사'하는 길을 선택하며 부모님의 걱정을 덜었다. 음악을 좋아하는 동시에 드라마도 즐겨보던 그에게 영상음악은 '즐거운' 일이다.

"영상음악 작업을 통해 영상을 보는 이들에게 행복을 주고 싶다"는 그는 현재 라인플러스의 뮤직 디렉터로, 러브아일랜드레코드의 음악감독으로 활동하고 있다.

영상음악 작곡가
김혜인

현) ㈜라인플러스 Music Director
전) 러브아일랜드레코드 음악감독
- 경기대학교 예술대학 영상/전자디지털음악
  복수전공
- 연세대학교 영상음악원 영상음악전문가과정
  고급 이수

작곡가의 스케줄

김혜인 작곡가의 하루

20:00 ~ 23:00
▸ 음악공부 및 음악감상
23:00 ~
▸ 취침

07:00
▸ 기상
08:00 ~ 09:00
▸ 티타임 & 음악감상 및 독서

17:30 ~ 19:00
▸ 곡 작업
19:00 ~ 20:00
▸ 퇴근 및 저녁식사

09:00 ~ 09:30
▸ 아침식사
09:30 ~ 10:00
▸ 출근

13:00 ~ 17:00
▸ 곡 작업
17:00 ~ 17:30
▸ 휴식 & 음악감상

10:00 ~ 12:00
▸ 업무 체크 및 곡 회의
12:00 ~ 13:00
▸ 점심 식사

아쉬움이 남는
학창 시절

▶ 노래를 좋아했던 어린시절

▶ 어린이집 발표회에서 독창

▶ 피아노 발표회

▶ 음악적 영향을 많이 주신 부모님

Question **어린 시절** 어떤 학생이었나요?

부모님이 음악을 좋아하셔서 어릴 적부터 팝, 클래식 등 다양한 음악을 들으면서 성장했어요. 덕분에 저도 음악을 꾸준히 즐기는 아이가 됐고요. 또, 어릴 적부터 진로에 대한 고민이 많았던 것 같아요. 욕심이 많아서 이런 분야 저런 분야 골고루 찾아보는 학생이었습니다. 물론 음악에 대한 관심도 꾸준히 있었어요. 음악에 관한 것 빼고는 정말 평범하고 얌전한, 말 잘 듣는 학생이었어요. 성적도 상위권을 꾸준히 지켰고요.

고등학교도 일반고등학교에 다녔는데, 그게 좀 아쉬워요. 저는 청주에서 학창 시절을 보냈는데, 그 당시만 해도 예체능계열 학교들은 조금 불량한 학생들이 간다는 인식이 강했어요. 마음속에는 항상 예술 쪽의 꿈을 가지고 있었지만 주변의 시선과 부모님의 걱정을 꺾고 예체능 고등학교에 진학할 만큼의 확신은 없는 단계였던 것 같아요.

Question **음악을 진로로 결심하게 된** 계기가 있나요?

초등학교 6학년 때까지 음악을 배우다가 중학교 진학하면서 공부를 해야 한다는 주변의 압박에 잠시 꿈을 내려놓았었어요. 그렇게 고등학교에 진학하게 됐는데, 고등학교 앞에 실용음악학원이 있었거든요. 어느 날 지나가다가 그 학원에 큼지막하게 '째즈피아노·작곡 학생 모집'이라고 쓰인 걸 본 거예요.

'째즈피아노'라는 단어를 그때 처음 봐서 바로 인터넷에 검색을 해봤어요. 진로 고민을 한창 많이 하던 시기였는데, '음악'이라는 크고 막연한 꿈은 있었지만, '무엇을 어떻게'라는 구체적인 계획은 없었거든요. 음악도 클래식만 알고 있었고요. 그런데 새로운 분야를 알게 됐고, 이후에 그 학원에 다니게 되면서 실용음악 전공을 준비했죠.

부모님이 기대하시는 직업은 따로 없었어요. 잘할 수 있는 것 하는 게 가장 좋은 것이라고 하셨죠. 다만, 제가 진로에 대해 갈팡질팡하고 있던 시간이 길어서 아버지가 조언을 많이 해주셨어요. 아버지가 미적 감각이 뛰어나시거든요? 그래서 디자이너라든지 미술 쪽은 어떠냐고 조언을 많이 해주셨어요. 딸이니까 자신을 닮아서 잘할 거라는 기대가 있으셨나 봐요. 그래서 미술학원에 다녀보기도 했지만 소질이 없었어요. 음악 역시, 좋아한다는 것뿐이었지 음악을 직업으로 삼겠다는 확신도 없었고요. 그래서 외국어도 배워보고 사진도 배워보고, 리포터라는 직업에도 관심을 가져보면서 골고루 발을 담가봤던 것 같아요. 그렇게 돌고 돌아서 작곡가가 되어야겠다는 생각을 부모님께 말씀 드렸을 때는 기뻐하시기보다는 걱정을 많이 하셨어요. 흔히들 '작곡가'라고 하면 히트곡을 내야 하고 어느 정도 자리를 잡기 전까지 생계가 어려울 정도로 힘든 직업이라는 인식이 있어서 딸이 고생할까 봐 반대하셨던 거죠. 부모님의 걱정을 덜어드리기 위해 작곡가에 대해 조사했어요. 부모님이 생각하는 작곡가 이외에도 여러 분야의 작곡가들이 있고, 나는 어떤 방식으로 작곡가가 될 것인지를 정리해서 말씀드렸더니 어느 정도 수긍을 해주셨어요. 작곡가가 되기까지 큰 대립은 없었어요. 힘든 길을 갈까 봐 걱정하셨지만 많은 고민 끝에 내려진 결정이고 저의 확고한 의지를 보신 후에는 지지해주셨어요. 부모님은 저의 의견을 항상 존중해주셨죠.

대학 진학 시 전공 선택은 어떻게 하셨나요?

고등학교 때 학원에 다니면서 실용음악 전공을 준비했는데, 안타깝게도 제가 원하는 대학에 가지 못했어요. 실용음악과 경쟁률이 엄청 높았어요. 높게는 130대 1부터 낮게는 80대 1 정도였어요. 실기를 보러 갔는데, 지방 출신이라 그랬는지 서울에서 입시를 준비한 친구들의 연주가 더 잘하는 것같이 느껴지더라고요. 청주에서는 어렵겠다는 생각이 들었죠. 그래서 서울에서 재수하려 했었는데, 부모님께서 타지로 가는 것을 반대하셨어요. 재수하려면 청주에서 하라고 하셨죠. 저는 서울로 가서 해야 한다고 했고요. 결국 기숙학원으로 가게 됐고, 학원은 음악을 할 수 있는 환경이 아니었어요. 중학교에 이어 다시 한번 음악에 대한 꿈을 잠시 내려놓아야 했죠. 그렇게 대학에서는 영상을 전공하게 됐습니다.

학창 시절 기억에 남는 교내·외 활동이 있나요?

초등학교 때 합창단 했었던 것 빼고는 음악적 활동을 해본 적이 없어서 너무 아쉽습니다. 저는 음악을 꾸준하게 좋아했었지만 진로를 늦게 찾았어요. 학창 시절부터 음악에 확신이 있었다면 활발하게 활동을 했을 것 같아요.

다시 음악에 도전하다

▶ 고등학교 수학여행

▶ 중학교 졸업식

▶ 초등학교 운동회

▶ 대학시절 사진 동아리 출사

대학교 졸업 후 진로는 어떻게 결정했나요?

대학에서 영상전공하면서도 음악에 대한 아쉬움이 남아서 복수전공으로 음악을 했었어요. 그렇게 두 가지 전공하다 보니 자연스럽게 영상음악에 대해 관심이 생기기 시작했어요. 마침 대학 3학년 때 영상음악 수업이 있어서 듣게 됐는데, 어릴 적부터 드라마를 즐겨보았던 것이 도움이 되었나 봐요. 주위 친구들보다 결과물이 괜찮다는 생각이 스스로 들 정도로 과제하는 게 재미도 있고 과제 결과물도 나름 만족스러웠어요. 그렇게 과제를 성실히 제출하는 동시에 잘난 척하는 것 같아 보일까봐 만족은 속으로 삼키면서, 학기 마무리가 됐죠.

그때쯤 교수님이 피드백을 해주셨어요. "혜인이는 영상음악을 참 잘하는 것 같아"라면서 영상음악 쪽으로 일을 해봐도 괜찮을 것 같다는 조언까지 해주셨어요. 혼자 만족하던 결과물이 다른 사람에게도 인정을 받기 시작하니까 영상음악을 해야겠다는 확신이 생기더라고요. 그렇게 3, 4학년 때 영상음악에 대해 꾸준히 공부했어요. 그러던 중 친구가 연세대학교 사회교육개발원에 영상음악 과정이 있는데 그곳에 계신 교수님들이 너무 좋다고 추천하는 거예요. 거기 영화음악하시는 교수님도 계시고 드라마음악하시는 교수님도 계신다고요. 그 수업을 거치면서 작곡가의 꿈을 다시 품게 되었습니다.

진로를 결정할 때의 기준은 무엇이었나요?

영상음악을 하고 싶었던 이유는 단순해요. 저는 드라마를 정말 좋아합니다. 어머니도 드라마를 좋아하시고요. 학창 시절부터 드라마를 챙겨보다 보니 드라마에 나오는 곡을 만들어보면 어떨까, 하는 생각이 들더라고요. 거기서 시작하게 되었습니다.

진로 결정 시 도움을 받은 사람이 있을까요?

제가 만든 곡을 들려드리고 피드백을 받고 어려움이 생겼을 때 찾아가 질문하면 조언을 해주시는 분들이 학창 시절에도, 대학을 다닐 때도, 직장생활하면서도 늘 있었어요. 저보다 음악을 잘하는 분들은 어딜 가나 있으니까요. 그렇기 때문에 어떤 한 분을 정해서 이야기하기는 어렵네요. 진로에 대해 고민하시는 분이나 실력에 한계를 느끼고 계신 분이 있다면 주위를 둘러보고 과감히 도움을 요청하시면 혼자 고민하는 것보다 빠르게 해결이 될 거예요.

Question **작곡가를 준비하면서 재정적인 문제는 없었나요?**

집안 사정이 그리 좋은 편은 아니었어요. IMF를 지나면서 대한민국의 누구나 어려운 시기를 겪었잖아요. 저희 가정도 어려움이 있었죠. 그런 과정을 보면서 자연스럽게 '돈이 많이 드는 일은 피해야겠다'는 생각을 했던 것 같아요.

음악하려면 보통 돈이 많이 든다고 생각하는데, 사실은 때에 따라 달라요. 개인 레슨을 받으면서 악기도 비싼 것으로 사고 유학도 가야겠다, 하면 비용이 많이 들겠죠. 끝도 없이요. 저는 실용음악학원에 다녔는데 다른 일반 학원과 비용적인 면에서 크게 차이가 없었어요. 집에서 작곡을 할 때는 컴퓨터 한 대와 건반이 전부였고, 작곡 일을 시작할 때도 프리랜서가 아니라 회사소속으로 시작을 했기 때문에 회사에 모든 장비가 다 있었어요. 물론 비싸고 좋은 장비들로 작곡하면 편하고 좋지만 실용적이고 가성비 좋은 값싼 장비들도 찾아보면 많습니다. 그래서 작곡가가 되기까지 재정적으로 큰 어려움은 없었어요.

작곡가 활동 중 경험한 특별한 에피소드가 있나요?

"당신은 부모입니까, 학부모입니까?"라는 카피의 공익광고를 작곡한 적이 있어요. 이 광고가 아침방송 시작을 알리는 애국가가 나온 뒤에 항상 나왔어요. 부모님은 딸이 만든 음악이 아침 6시마다 나온다고 좋아하셨죠. 그 광고가 작곡가로서 회사에 들어가 첫 업무였고, 공익광고음악이라 조금 부담감이 있었는데, 워낙 유명해져서 주위 사람들이 다 알아주더라고요. 신기하고 뿌듯했어요. 작곡가로서 자신감을 많이 얻은 곡입니다.

Question 자신이 만든 곡 중에 가장 마음이 가는 곡은 무엇인가요?

'쏘 내츄럴'이라는 화장품의 광고음악을 한 적이 있어요. 그때 감독님이 가사를 써 주셨어요. 그 가사를 가지고 짧은 발라드를 작곡한 적이 있는데 처음으로 음원사이트에 등록이 된 곡이에요. 가수 진하의 <이젠>이라는 곡인데요, 아무래도 처음 작곡한 발라드곡이다 보니 애정이 갑니다. 가끔씩 그 곡을 찾아서 듣곤 해요.

▶ 회사 프로젝트 녹음 현장

작곡가님을 바라보는 주변의 시선은 어떤가요?

　저를 작곡가라고 소개하면 '화려한 직업일 것 같다', '가수들 많이 만날 것 같다'는 이야기를 해요. 제가 만든 곡들을 듣고 부러워하는 사람들도 있고요. 그렇지만 실상은 정말 외로운 직업이죠. 작업실에서 홀로 곡이 나올 때까지 나와 싸움하는 모습을 그들이 본다면 마냥 부러워하지는 않을 것 같아요.

작곡가에 대한 오해가 있다면요?

　작곡가라고 하면 대부분 대중음악 작곡가만을 떠올리세요. 영화음악 작곡가나 뮤지컬 작곡가, 광고음악 작곡가 정도를 생각하시는데, 생각보다 작곡의 분야가 넓어요. 아이들이 즐겨듣는 노래를 만드는 키즈음악 작곡가도 있고요. 휴대폰 벨소리를 작곡하는 벨소리 작곡가도, 노래방 음악을 편곡하는 편곡가도 있어요. 찾아보면 더 많은 분야에서 작곡가의 자리를 발견할 수 있습니다.

학창 시절부터 지금까지 가장 좋아하고

즐겨듣는 곡은 무엇인가요?

　<랩소디 인 블루>라는 협주곡을 즐겨듣습니다. 1924년, 당시 '재즈의 왕'으로 불리던 폴 화이트만이 재즈풍의 오케스트라 작품을 의뢰받고 5주 만에 작곡, 대성공을 거둔 유명한 곡이에요. 16분 정도 길이의 긴 교향곡인데, 하나의 음악 안에 다채로운 음악들이 담겨 있어서 한 곡이지만 한 곡이 아닌 곡이에요. 작곡하다가 막히거나 답답한 느낌이 들 때면 <랩소디 인 블루>를 듣습니다. 뇌가 깨어나는 느낌이에요.

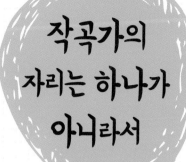

작곡가의
자리는 하나가
아니라서

▶ 회사 작업실에서 한컷

▶ 광고송 녹음 현장에서

▶ 미국 내슈빌 현지 연주자와 원격녹음

▶ 2015 사운드 박람회

작곡 과정이 궁금합니다.

　저는 네이버 라인에서 작곡가로 일하고 있는데요, 광고음악이나 게임음악, 캠페인음악 등 회사에서 요구하는 음악의 작곡을 담당하고 있습니다. 작곡은 어떻게 한다고 설명하기가 조금 어려운데요, 게임음악으로 예를 들자면 이런 거예요. 우선, 게임의 분위기, 게임 캐릭터의 느낌과 성격을 보고 어떤 음악이 어울릴지 떠올립니다. 작품마다 편차가 큰데, 게임 장면을 보자마자 떠올라서 쉽게 작업에 들어갈 때도 있고, 어울리는 음악이 떠오르지 않아서 고생할 때도 있어요. 금방 떠오르건 떠오르지 않건, 작업 시간은 늘 부족한데요, 신기하게도 마감 시간이 다가오면 초인적인 능력이 나오더라고요. 내 음악적 감각들이 가장 빠르게 움직일 때가 아닐까 합니다.

　어울리는 음악을 떠올리는 방법에 따로 순서는 없어요. 어릴 적부터 듣고 즐겨왔던 음악들이 쌓이고 쌓여서 나오는 것 같아요. 저는 지금도 아침저녁으로 시간이 날 때마다 음악 사이트 순위에 올라온 신곡들을 모두 들어요. 장르 가리는 것 없이 골고루요.

　주위를 둘러보면 승진이나 취직하기 위해 반강제적으로 자격증 공부하면서 힘들어하는 사람들이 있어요. 그에 반해, 저는 취미활동이 곧 일에도 도움을 주죠. 저는 음악을 듣는 시간에 가장 편안하고 즐거운데, 이 시간이 일에도 긍정적인 영향을 미친다는 게 참 좋아요. 이 일을 해서 행복하다는 생각이 자주 들죠.

Question **영상음악 작곡가라 겪는 특이사항이 있을까요?**

저는 많은 분이 생각하는 작곡가와는 조금 다른 삶을 살고 있어요. 대부분의 작곡가는 프리랜서로 일을 시작하고, 그러다 보니 직업으로 자리잡기까지 어려움이 있죠. 저는 처음 작곡을 시작할 때부터 회사 소속이었어요. 그래서 월급도 제때 나오고 회사의 복지혜택도 모두 받았죠. 프리랜서 작곡가에 비해 규칙적인 생활도 가능하고요. 회사 소속 작곡가와 프리랜서 작곡가는 각기 장단점이 있는 것 같아요. 저는 아무래도 회사 소속이다 보니 시간을 자유롭게 쓰기가 어렵고 상업적인 음악 작업만 하게 됩니다. 자신이 추구하는 가치관에 맞게 회사 소속 작곡가 또는 프리랜서 작곡가 둘 중 하나를 선택하면 좋을 것 같아요.

작곡가가 뛰어들 수 있는 분야가 생각보다 많아요. 분야마다 작업 환경도 다르고요. 그런데 규칙적인 생활이나 급여가 보장되지 않는다고 먼저 생각해서, 도전하기를 주저하는 사람이 많은 것 같아요. 프리랜서 작곡가만 있는 게 아니라는 점이 좀 더 알려지면 좋겠어요.

Question **작곡가로서의 비전은 무엇인가요?**

상업적인 곡 작업이 대부분이다 보니, 요새는 내가 좋아하는 곡을 한번 써보고 싶다는 소망이 생기더라고요. 발라드 곡을 한번 써보고 싶어요. 어릴 적 음악할 때는 작문에 대해 크게 관심이 없었는데, 작곡가로 활동하면서 가사가 노래의 분위기에 크게 작용을 한다는 것을 알게 되었어요. 발라드는 가사가 가장 도드라지는 음악이라고 생각해서 제가 쓴 가사로 발라드 곡을 만들어보고 싶은 꿈이 있습니다.

비전을 위해 노력하는 것이 있다면요?

글을 보면, 쓰는 사람의 감정이나 느낌이 그대로 읽히잖아요. 예전에는 그래서 글을 쓰는 것이 부끄러웠어요. 음악과는 달리 거기 담긴 내 감정, 느낌, 기분이 고스란히 읽힐 거라는 게 민망하더라고요. 성격이 소극적이어서 그런가 봐요.

글을 한참 안 쓰다가 작곡가가 되고 나니까 가사를 쓸 일이 많아지더라고요. '글 좀 많이 써볼 걸…' 하는 후회를 했죠. 그때부터는 책을 많이 읽고 있습니다. 가사 쓰는 방법에 대한 도서들도 시간 날 때마다 읽고 있어요. 가사 작문 관련 강의도 보고요. 영화를 보고 나서, 여행을 다녀와서 느낀 감정을 글로 남기기도 해요. 짧은 글이라도 계속 적다보면 쌓이고 쌓여서 나중에 곡을 쓸 때 사용할 수 있을 거라고 생각하면서요.

20년 후에 작곡가라는 직업은 어떻게 변할까요?

시대를 불문하고 사람과 음악은 함께 했습니다. 아무리 기술이 발전하고 시대가 변하더라도 음악이 사라지지 않는 한 작곡가 또한 함께할 거라 생각해요. 물론 과거에 작곡하던 방식과 지금의 작곡 방식이 다르듯, 뭔가 변하겠죠. 오선지에 음표를 그려 작곡하던 시절에서 컴퓨터를 사용해 작곡하는 시대가 온 것처럼, 작곡하는 방식과 도구가 변화하리라 생각합니다. 그래서 미래에 쓰일 도구를 잘 다루는 능력이 필요할 거라고 생각해요. 지금 나와 있는 방식들만 바라보지 말고 음악계에 새로운 기술은 무엇이 있는지, 어떤 음악들이 유행하는지, 유행은 어떤 패턴으로 돌고 있는지를 파악하는 눈을 가지고 있으면 도움이 될 겁니다.

이 책을 읽는 분들은 작곡가에 관심이 있는 거겠죠? 작곡가는 감정이나 분위기를 음악으로 표현할 수 있는 멋진 직업입니다. 사랑하는 일을 직업으로 하는 것만큼 행복한 것이 또 있을까요? 작곡가가 불안정한 직업이라 생각하고 주저하시는 분들은 프리랜서 작곡가 이외에도 소속되어 작곡하는 작곡가들도 있다는 점, 생각해주시면 좋을 것 같아요. 시야를 조금 넓혀 작곡의 다양한 분야를 찾다 보면, 나에게 딱 맞는 방식으로 일할 수 있는 자리가 있다는 걸 알게 될 거예요. 일상생활에서 느끼는 감정을 곡으로 표현하는 연습을 많이 해보세요. 어설프더라도 자꾸 쓰다 보면 방법을 알게 될 겁니다. 자신의 성향에 잘 맞는 분야를 찾아서 멋진 작곡가가 되길 바랍니다. 언젠가 저와 함께 일하게 될 날을 기대하겠습니다.

작곡가에게
청소년들이 묻다

청소년들이 작곡가에게
직접 물어보는 10가지 질문

작곡을 하면서 가장 힘든 순간은 언제인가요?

작곡을 하는 건 정말 즐겁고 행복한 일입니다. 하지만 광고음악 작곡가에게는 '마감시간'과 결과물을 평가하는 '결정권자'들이 있어요. 애정을 가지고 오랜 기간 노력해서 만든 결과물에 대해 '별로'라는 피드백을 받았을 때 마음이 힘듭니다. 작곡을 처음 시작할 때는 이런 피드백들로 많이 힘들었어요. 학창시절에 꿈꾸던 작곡가의 모습과 조금 동떨어진 모습이기도 했고요.

음악을 하고 싶지만 가족들의 반대가 심해요

저도 처음 음악으로 진로를 결정할 때 가족들의 반대가 있었습니다. 저는 그때 음악을 해야 하는 이유를 글로 설명하기로 결정했고 오랜 기간 고민하면서 10장 정도의 장문의 편지를 적었죠. 작곡가가 되어야 하는 이유와 목표가 내용이었어요. 최대한 구체적으로 적었어요. "2년 안에 음악적인 성과를 보여드리지 못하면 포기하겠습니다." 처럼요. 기간을 정하고 달성하지 못했을 때는 깔끔하게 포기하고 열심히 공부하기로 약속을 했죠. 이렇게 진정성 있는 모습을 보여드리니 부모님이 반대하시는 것에서 저와 타협을 하는 쪽으로 방향을 돌려주시더라고요.

반대가 심해서 하루하루 더 열심히 산 것도 있는 것 같아요. 약속을 지키고 꿈을 이루려면 나뿐만이 아니라 가족들의 눈에도 성장하고 있다는 것을 보여 주어야 했기 때문이죠. 부모님의 걱정은 아마도 잠깐 하다가 흥미가 떨어져 그만두면 어쩌지 하는 게 클 거예요. 음악을 하는 동안 놓아버린 학업도 미래에 영향을 끼칠 수 있고요. 정말 내가 하고 싶은 일인지 먼저 생각을 해보고 미래에 대한 확신이 있다면 편지를 적어보는 게 어떨까요?

작곡을 해보려 하는데 어떤 장비가 필요한가요?

　금전적 여유가 충분하다면 고가의 장비들을 구매할 수 있겠죠. 그러나 그런 장비가 없어도 충분히 작곡이 가능합니다. 컴퓨터 한 대와 키보드 건반 하나 정도 있다면 작곡에 입문하는 데 충분하다고 생각해요. 요즘은 퀄리티가 좋은 무료 작곡 프로그램도 많고, 작곡 앱은 수도 없이 많습니다. 거창하게 시작하기보다는 정말 필요를 느껴서 하나하나 돈을 모아서 늘려나가는 것이 좋아요.

제가 만든 곡으로 공연을 해보고 싶은데 금전적인 문제 때문에 힘들어요. 어떻게 해야 할까요?

　복지제도를 잘 찾아보면 생각보다 예술인들을 위한 제도가 많습니다. 공연제작비를 지원해준다든지 앨범을 발매할 수 있도록 창작 지원금을 지원해주는 좋은 제도들이 많아요. 저도 2016년에 예술인 복지재단에서 창작지원금을 지원받아 정규앨범 1집을 발매 했습니다. 좋은 제도들이 많이 있지만, 잘 모르고 있거나 찾아보는 것이 귀찮아서 활용을 못 한다는 것은 너무 아쉬운 일이에요. 심지어 국가에서 하고 있는 임대주택사업에서 예술인 자격으로 지원받을 수 있는 것들도 있어요. 이외에도 콘텐츠 문화진흥원, 서울문화재단, 경기문화재단 등 기관마다 지원 사업이 다양하게 있습니다. 꼼꼼히 찾아서 나에게 맞는 복지 제도를 활용하시면 도움이 될 거예요.

작곡가가 되고 싶지만 학생이라 뭘 어떻게
시작해야할지 모르겠어요

음악 동아리나 밴드부 활동을 해보는 것은 어떨까요? 기존의 곡들을 연주하기 위해 곡을 분석하고 자신만의 스타일로 연주해내는 데는 많은 시간과 노력이 필요해요. 원곡 가수의 창법과 연주법을 분석하고 여러 곡을 합주하다 보면, 어느 순간에 음악적 감각이 늘어나 있는 것을 느껴요. 그 성장을 느낄 때 가장 기쁘고 즐겁습니다. 공부로 음악을 접하기보다는 친구들과의 활동을 통해서 먼저 '즐겨보는' 것이 작곡 공부를 할 때 많은 도움이 됩니다.

직업으로 자리 잡기가 너무 힘들지 않나요?

저는 처음 작곡을 시작할 때부터 회사 소속의 작곡가였어요. 그래서 월급도 제때 나오고 회사의 복지혜택을 모두 받으면서 작곡가 활동을 하고 있죠. 회사소속으로 작곡을 하고 있기 때문에 프리랜서 작곡가들에 비해 규칙적인 생활이 가능합니다. 회사 소속 작곡가와 프리랜서 작곡가 둘 다 장단점이 있는 것 같은데, 저는 아무래도 회사 소속이다 보니 시간을 자유롭게 쓰는 것이 불가능하고 상업적인 음악작업만을 하게 되죠. 자신이 추구하는 가치관에 맞게 회사소속 작곡가 또는 프리랜서 작곡가 중 하나를 선택하면 좋을 것 같아요. 작곡가도 분야가 생각보다 많은데 규칙적인 생활이나 급여가 보장되지 않는다고, 작곡가가 되기를 애초부터 주저하는 사람들이 있어요. 저처럼 이렇게 활동하는 작곡가들도 많이 있다는 것을 알려주고 싶습니다.

작곡가만의 근무 환경은 어떤가요?

작곡가들은 밤을 자주 새웁니다. 밤에 일하는 것이 너무 자연스러워요. '왜 이렇게 되었나' 가끔 생각해보는데, 아마 음악 계통의 생태계 자체가 이렇게 돌아가고 있기 때문이 아닌가 싶어요. 낮에 활동하고 밤에는 자려고 해 봐도, 녹음실 사용 약속이나 미팅이 모두 저녁에 이루어집니다. 심지어 녹음실은 낮에 열지도 않는 경우가 허다해요.

좋은 대학에 진학하는 것이 중요한가요?

대학은 성공하는 작곡가의 기준이 절대로 아닙니다. 명문대학 출신이더라도 시작은 공평해요. 작곡가는 MP3 파일로 승부를 봅니다. 작곡에 대한 지식이나 강의는 인터넷에서도 충분히 찾을 수 있어요. 그런데도 대학에 진학하는 이유는, 대학의 작업실이나 녹음실 같은 시설을 사용할 수 있다는 점, 인생의 멘토가 될 교수님을 만날 수 있다는 점, 그리고 다양한 분야의 친구들을 만나면서 내가 접해보지 못했던 음악과 생각을 경험할 수 있다는 점에 있어요. 대학의 가장 큰 장점이죠. 대학 진학을 고민하신다면, 대학 이름을 보는 것보다 내가 추구하는 음악장르를 어떤 교수님이 가르치시는지 입학하기 전에 알아보는 것도 좋아요. 그 교수님의 강연이나 공연을 찾아가 보는 것도 좋고요. 그리고 대학의 복지에 대해 알아보는 것도 중요합니다. 많은 돈과 시간을 투자하고 그 이상의 가치를 얻어내야 대학에서 무언가 얻을 수 있어요.

어떤 장르의 음악들을 많이 듣는 것이
작곡을 하는 데 도움이 되나요?

동서고금을 막론하고 모든 음악을 고루 듣는 것이 중요합니다. 작곡가로 일을 하다 보면 생소한 장르의 음악을 다루어야 할 때가 있습니다. 때로는 고전이 영감을 줄 때도 있고 동시대에 활동하고 있는 능력 있는 아티스트들의 음악이 계기가 될 때도 있고요. 장르와 시대를 구분하지 않고 폭넓은 음악을 즐기는 것이 작곡가 활동에 많은 도움이 됩니다.

작곡가가 되는 데 음악적 재능이 꼭 필요한가요?

대학에서 학생들을 지도하다 보면 재미있는 광경을 보게 됩니다. 신입생들이 한 달 정도 지나면 서로 누가 잘하고 누가 못하는지 서열을 나누어요. 대학생활을 잘 적응 하지 못하는 학생들도 있고요. 그런데 종종 신입생 때 뒤떨어지던 학생이 졸업 즈음에 많이 성장해있는 모습을 볼 때도 있고, 대학생활에 적응을 못 하고 학점도 좋지 않았던 학생이 졸업 후에 빛을 보는 경우도 봐요. 주변에 있는 작곡가들을 보아도 오랜 기간 무명으로 작곡을 하다가 좋은 곡을 발표하는 작곡가들도 있고요. 분명 음악적 '재능'의 차이는 있지만 그 차이가 좁히지 못할 정도로 큰 차이는 아니에요. 노력으로 따라갈 수 있는 정도입니다. 음악적 재능이 조금 부족하더라도 음악을 정말 사랑하고 해내고자 하는 열정이 있다면 작곡 분야에서는 노력으로 충분히 따라잡을 수 있습니다.

예비 작곡가 아카데미

눈으로 보고 손으로 만져보는 음악

소개

한국대중음악박물관은 대한민국 최초의 유성음반부터 최근 출시된 음반까지, 대한민국 음악사에 이름을 남긴 음반들을 상설전시 및 기획전시하는 곳입니다. '영화OST특별관', 'K-POP전시관', '한국대중음악 100대 명반관'부터 LP제작과정과 소리재생의 역사까지, 한국대중음악사와 관련된 다양한 전시를 만나볼 수 있습니다.

층별 상설 전시 및 서비스

지하층

'유물수장고'와 어린이 체험관 '뮤플', 동전노래방, 포토존이 운영되고 있습니다.

1층

웨스턴 일렉트릭 16혼과 알텍A2 시스템이 세팅돼 최고음질의 음악을 들을 수 있습니다. 한국 록음악과 헤비메탈의 전설들이 직접 사인하여 기증한 일렉트릭 기타, 어쿠스틱 기타와 'Anthology'라는 이름의 기타 조형물도 설치돼 있습니다. 음악 감상실에서는 전설의 스피커, '미로포닉'을 통해 청음을 할 수 있습니다.

2층

'K-POP특별전시관', 한국대중가요 음반의 화두 '신중현관', '한국대중음악 100대 명반관' 등이 위치하고 있습니다. 1896년 대한민국 최초로 노래가 녹음된 에디슨 실린더 음반부터 K-POP음반까지 대한민국 대중음악 100년사의 주요 음반들이 시대별로 전시되어 있습니다 노래듣기 체험도 할 수 있습니다.

3층

4만5천 여 장의 LP와 1만9천 여 장의 CD가 자리하고 있습니다. 상시 오픈하고 있는 시청각실은 오전과 오후로 나눠 영상 및 음악 감상을 진행합니다. 음악 감상은 별도로 마련된 턴테이블에서 할 수 있습니다. 웨스턴 일렉트릭 16A, 웨스턴 일렉트릭 미로포닉 시스템, 자이스이콘이코복스프로페셔널 오토그래프, 웨스턴 일렉트릭 41+42+43 앰프 등 쉽게 만나보기 어려운 음향 시스템이 상설 전시되고 있습니다.

한국예술인복지재단

　우리 사회는 주 5일 근무제의 시행을 기점으로 사회 여가 문화가 크게 발전했습니다. 2018년 7월부터 점진적으로 도입중인 주 52시간 근무제를 통해 여가 문화는 또 한번 큰 변화를 가지고 올거라 예상됩니다. 취미생활에 빠지지 않고 등장하는 것, 바로 음악감상입니다. 한국 갤럽이 2019년에 발표한 한국인이 좋아하는 취미활동에서 등산(11%)에 이어 음악감상(7%)이 두 번째로 사랑받는 취미활동으로 선정되었습니다. 음악으로 하루를 시작하고 시간이 날 때마다 음악을 듣는다는 것은 정말 즐겁고 행복한 일입니다. 그런 점에서 음악을 직업으로 하는 사람의 행복은 음악을 듣는 우리 모두의 행복과도 관계가 있겠죠? "예술인이 믿고 의지할 수 있는 친구", 한국예술인복지재단에 대해 알아봅시다.

한국예술인복지재단은?

　예술인의 복지에 대한 체계적이고 종합적인 지원을 함으로써 예술인들의 창작활동을 증진하고 예술발전에 기여함을 목적으로 「예술인 복지법」에 따라 2012년도에 설립된 공공기관입니다.

복지 내용

1. 예술활동증명

예술활동증명이란?

예술인 복지사업 참여를 위한 기본 절차로, 예술인 복지법 상 예술을 '업'으로 하여 예술활동을 하고 있음을 확인하는 제도입니다. 최근 일정 기간 동안의 예술 활동 혹은 예술 활동 수입 내용으로 신청할 수 있습니다.

2. 창작준비금지원-창작디딤돌

예술인들이 경제적인 이유로 창작활동을 중단하지 않도록, 예술활동 소득이 낮은 예술인들을 실질적으로 지원하는 사업입니다. 지원규모는 2020년 상반기 기준 1인 300만원을 지원하고 있습니다.

3. 예술인 파견지원-예술路(로)

예술인 파견지원 사업은 예술인의 사회적 가치 확장을 위해 다양한 예술 직무영역을 개발하고 사회(기업/기관 등)와 협업을 기반한 직무를 제공함으로써 적극적 예술인 복지를 실현하고자 진행하는 사업입니다.

4. 예술인 산재보험 제도안내

직업 예술활동 중 크고 작은 사고에 무방비하게 놓여 있는 프리랜서 예술인을 보호하는 사회보험 제도입니다. [사무대행 및 납부보험료 50~90% 환급지원].

5.사회보험료(국민연금, 고용보험) 지원

표준계약서를 활용하여 계약을 체결하고 활동하는 예술인 및 문화예술단체(사업자)가 부담하는 사회보험료의 50%를 지원합니다.

6. 예술인 생활안정자금(융자)

예술인의 창장환경 개선과 생활기반 마련에 도움을 드리고자 도입된 금융지원 제도입니다. 2019년부터 소액생활안정자금 대출과 전세자금 대출을 운영하고 있습니다.

7. 예술인 의료비 지원

의료비 부담으로 경제적인 어려움을 겪는 예술인에게 의료비를 지원합니다. 입원비·수술비·검사비·약제비·간병비·보장구구입비·재활치료비 등 의료비 중 실질적인 본인부담금 지원 (1인 최대 500만원)

8. 예술인 자녀돌봄지원

예술인의 육아부담 완화를 통해 안정적인 예술활동을 지원합니다. 평일 저녁, 주말동안에도 안심하고 창작활동에 전념할 수 있도록, 예술인 자녀를 위한 시간제 돌봄시설을 운영합니다.

9. 상담 · 컨설팅

계약 및 저작권에 어려운 점이 있다면, 문화예술 분야의 법률, 노무 등에 대하여 모르는 것이 있다면, 한국예술인복지재단 상담·컨설팅 서비스를 신청하세요. 각 분야 컨설턴트의 전문적인 상담을 받을 수 있습니다.

10. 예술인 심리상담

예술창작활동 과정에서 심리적 · 정신적 스트레스를 겪고 있는 예술인의 고충해소를 통해 창작의욕과 심리적 건강을 도모합니다.

11. 예술인 신문고

예술 활동과 관련한 불공정행위 관련 고충처리에 대한종합지원시스템 (One-stop System)을 구축하여 예술계 불공정 관행 개선을 지원하고, 예술인 권익 신장에 기여합니다.

12. 성폭력피해 신고상담지원

성폭력피해로 고충을 겪고 있는 예술인을 보호·지원합니다.

성폭력피해로 인한 어려움을 함께 극복해 나갈 수 있도록 한국예술인복지재단에 상담을 신청하세요.

13. 예술인 권익보호 교육

예술인 스스로가 자신의 권리를 지킬 수 있으려면 예술인을 둘러싼 예술 환경과 법, 제도 등에 대해 알아야 합니다. 한국예술인복지재단은 예술계의 공정환경 조성을 위해 '예술인 권익보호 교육'을 실시하고 있습니다.

계약 및 저작권 교육을 통해 예술인의 서면계약 및 저작권에 대한 인식과 실무 대응능력을 높이고, 예술계를 이끌어 나갈 예비예술인들이 직업 세계에서 스스로의 권리를 지킬 수 있도록 계약문화 전반에 대한 기본 교육을 실시합니다.

또한 '예술인을 위한 성평등 교육'을 통해 예술계 내 성폭력을 예방하고 성평등 인식 제고에 기여하고자 합니다.

14. 예술인패스

예술인의 문화향유 기회 확대와 자긍심 고취를 위한 예술인패스를 신청하세요.

• **지원자격**
예술활동증명 완료 예술인, 학예사, 문화예술교육사 자격증 취득자, 미술관·박물관의 관장 또는 설립자

• **혜택**
예술인패스 카드발급(신분증 함께 제시)
- 전국 문화예술기관 관람료 및 생활 속 공간 할인 혜택 제공

* 위에 소개한 내용에 관심이 있다면 http://www.kawf.kr/ 으로 접속하여 자세한 사항을 확인해보시고 나에게 꼭 필요한 복지가 있다면 받아보시길 바랍니다. 이외에도 더 필요한 정책이 있다면 정책제안 페이지에 제안을 해보는 방법도 있습니다.

직업 심리 검사

작곡가라는 직업이 나에게 맞을까?

'나에게 어떤 직업이 맞을까?' 궁금하다면, 나를 알아가는 또 하나의 방법, 직업심리검사를 해보는 것은 어떨까요?

한국고용정보원에서 실시하는 직업 심리 검사는 개인의 능력과 흥미, 성격 등의 심리적인 특성들이 각 직업에서 요구하는 능력 수준 및 특성에 얼마나 적합한지를 과학적인 방법으로 측정하는 검사입니다. 따라서 피시험자가 더욱 성공 가능성이 높고, 만족할 만한 직업을 탐색하도록 도와줍니다.

청소년 대상 심리 검사는 청소년용 직업흥미검사, 고등학생 적성검사, 청소년용 적성검사(중학생용), 직업가치관검사, 청소년 진로발달검사, 청소년 직업인성검사(단축형), 청소년 직업인성검사(전체형), 고교계열흥미검사, 대학 전공(학과) 흥미검사, 초등학생 진로인식검사 등 총 10종입니다.

심리검사 명	검사시간	실시가능	검사안내	결과예시	검사실시
청소년용 직업흥미검사	30분	인터넷, 지필	안내보기	예시보기	검사실시
고등학생 적성검사	65분	인터넷, 지필	안내보기	예시보기	검사실시
청소년용 적성검사(중학생용)	70분	인터넷, 지필	안내보기	예시보기	검사실시
직업가치관검사	20분	인터넷, 지필	안내보기	예시보기	검사실시
청소년 진로발달검사	40분	인터넷, 지필	안내보기	예시보기	검사실시
청소년 직업인성검사 단축형	20분	인터넷, 지필	안내보기	예시보기	검사실시
청소년 직업인성검사 전체형	40분	인터넷, 지필	안내보기	예시보기	검사실시
고교계열흥미검사	30분	인터넷	안내보기	예시보기	검사실시
대학 전공(학과) 흥미검사	30분	인터넷	안내보기	예시보기	검사실시
초등학생 진로인식검사	30분	인터넷, 지필	안내보기	예시보기	검사실시

청소년 대상 심리검사   성인 대상 심리검사

심리검사 결과조회   심리검사 상담하기

출처 : 워크넷>직업·진로>직업 심리 검사

실용음악/음악학과가 설치된 대학

실용음악과는 전통적 음악세계에 시대가 요구하는 대중적인 감각을 더해, 예술성과 대중성을 함께 추구하는 음악 장르를 다루는 학과입니다. 전통과 현대, 동양과 서양 사이 경계를 허물고 실험적인 접근을 꾀합니다. 대중음악과 영화, 가요, 방송 등 대중을 대상으로 한 작업을 하는 작곡가의 소양을 쌓기에 적합합니다.

음악학과에서는 크게 악기연주, 성악, 작곡을 배웁니다. 음악학과에 진학 시 작곡에 도움이 되는 기본 소양을 다질 수 있습니다.

전체	실용음악과		음악학과	
	일반대학교	전문대학교	일반대학교	전문대학교
전체	59	47	183	12
서울	14	2	72	2
부산	4	5	10	1
대구	2	1	6	0
인천	0	2	0	0
광주	1	0	5	0
대전	2	1	12	0
울산	0	0	3	0
세종	0	1	0	0
경기	8	20	39	2
강원	1	1	2	0
충북	2	4	4	0
충남	9	1	3	0
전북	5	5	5	3
전남	3	2	5	3
경북	6	2	11	0
경남	1	0	3	0
제주	1	0	3	1

실용음악과가 설치된 대학교

출처 : 워크넷 학과정보

대학교명	전공	구분
가톨릭관동대학교	실용음악전공	일반대학교
경주대학교	실용음악전공, 악기제작전공	〃
경희사이버대학교	실용음악학과	〃
광신대학교	실용음악학과	〃
단국대학교	뮤지컬전공	〃
대구가톨릭대학교	작곡·실용음악과	〃
동국대학교	뮤지컬전공	〃
동서대학교	뮤지컬과	〃
동아대학교	음악학과 실용음악전공	〃
명지대학교	뮤직콘텐츠학과, 예술학부(뮤지컬공연전공), 융합예술실용음악학과	〃
배재대학교	실용음악과	〃
상명대학교	뮤직테크놀로지학과	〃
서울디지털대학교	실용음악학과	〃
서울신학대학교	실용음악과	〃
성신여자대학교	현대실용음악학과	〃
세한대학교	보컬전공, 실용음악학부	〃
예원예술대학교	공연예술뮤지컬학과, 실용음악학과	〃
우석대학교	공연예술뮤지컬학과	〃
제주국제대학교	대중음악학과	〃
중앙대학교	글로벌예술학부 (실용음악전공)	〃
칼빈대학교	실용음악과	〃
한국국제대학교	실용음악학과	〃
한양대학교(ERICA)	실용음악학과	〃
호원대학교	실용음악학부	〃

대학교명	전공	구분
경성대학교	뮤지컬전공	일반대학교
경희대학교	PostModern음악학과	〃
계명대학교	뮤직프로덕션과, 연극뮤지컬전공	〃
남서울대학교	실용음악학과	〃
단국대학교	생활음악과	〃
대구예술대학교	교회실용음악전공, 실용음악전공	〃
동덕여자대학교	실용음악과	〃
동신대학교	뮤지컬 · 실용음악학과	〃
디지털서울문화예술 대학교	실용음악학과	〃
목원대학교	성악 · 뮤지컬학과	〃
백석대학교	문화예술학부 뮤지컬전공, 문화예술학부 실용음악전공	〃
서경대학교	뮤지컬학과, 실용음악학과	〃
서울사이버대학교	실용음악과	〃
서원대학교	실용음악과	〃
세종사이버대학교	실용음악학과	〃
영산대학교	연기뮤지컬학과	〃
용인대학교	실용음악과	〃
유원대학교	실용음악학과	〃
중부대학교	대중음악전공, 실용음악학전공	〃
청운대학교	뮤지컬학과, 실용음악과	〃
평택대학교	실용음악학과	〃
한서대학교	실용음악과	〃
한일장신대학교	실용음악학과	〃
강동대학교	실용음악과	전문대학교
경복대학교	뮤지컬과, 실용음악과	〃
경인여자대학교	실용음악과	〃
계원예술대학교	융합예술학과	〃

대학교명	전공	구분
김포대학교	실용음악과	전문대학교
동부산대학교	실용음악과	〃
동아방송예술대학교	공연예술계열 뮤지컬전공, 기악전공, 성악전공, 작곡전공, 실용음악학과	〃
동주대학교	실용음악과(3년제)	〃
명지전문대학	실용음악과	〃
백석문화대학교	실용음악학부	〃
부산예술대학교	실용음악과	〃
서해대학	실용음악과	〃
신안산대학교	생활음악과	〃
우송정보대학	글로벌실용음악과	〃
장안대학교	실용음악과	〃
충청대학교	예술학부 실용음악전공, 실용음악과	〃
한양여자대학교	실용음악과(3년제)	〃
강원관광대학교	실용음악과	〃
경북과학대학교	실용음악과(2년제)	〃
계명문화대학교	생활음악학부	〃
군장대학교	뮤지컬방송연기계열	〃
대동대학교	뉴뮤직과	〃
동서울대학교	연기예술실용음악과	〃
동아보건대학교	실용음악전공	〃
두원공과대학교	실용음악과	〃
목포과학대학교	실용음악과	〃
백제예술대학교	뮤지컬과, 실용댄스과, 실용음악과	〃
서울예술대학교	실용음악전공	〃
수원여자대학교	실용음악과	〃
여주대학교	실용음악과(3년제)	〃
인천재능대학교	실용음악과	〃
청강문화산업대학교	뮤지컬스쿨	〃

대학교명	전공	구분
한국영상대학교	실용음악과	전문대학교
호산대학교	뮤지컬과	〃

음악학과가 설치된 대학교

* 4년제 대학교 2018년 3월 7일 기준

대학교명	전공	구분
가천대학교	음악학부(기악, 성악, 작곡)	일반대학교
강남대학교	음악학과	〃
강원대학교	음악학과	〃
경북대학교	국악학과(기악전공, 성악전공, 이론작곡전공), 음악학과 (성악전공, 피아노전공, 작곡전공, 관현악전공, 이론전공)	〃
경희대학교	기악과, 성악과, 작곡과	〃
고신대학교	음악과	〃
광주대학교	음악학과	〃
군산대학교	음악과	〃
단국대학교	국악과, 기악과, 성악과, 작곡과	〃
대구예술대학교	공연음악전공, 피아노교수학전공	〃
동국대학교(경주)	한국음악과	〃
동아대학교	음악학과, 음악학과 관현악전공, 음악학과 성악·작곡전공, 음악학과 피아노전공	〃
명지대학교	예술학부(성악전공, 작곡전공, 피아노전공)	〃
목포대학교	음악학과	〃
백석대학교	문화예술학부 피아노전공	〃
삼육대학교	음악학과	〃
서경대학교	관현악전공, 음악학부, 피아노전공	〃

대학교명	전공	구분
서울대학교	국악과(기악전공, 성악전공, 이론전공, 작곡전공, 관악전공, 피아노전공, 현악전공), 성악과, 작곡과(이론전공, 작곡전공)	일반대학교
서울시립대학교	음악학과	〃
서울장신대학교	교회음악과	〃
성결대학교	공연음악예술학부, 음악학부	〃
세종대학교	음악과	〃
수원대학교	관현악과, 국악과, 성악과, 작곡과, 피아노과	〃
순복음총회신학교	음악학부	〃
신라대학교	창조공연예술학부 음악전공	〃
안양대학교	음악전공	〃
영남대학교	기악과, 성악과, 음악과	〃
용인대학교	국악과	〃
원광대학교	음악과	〃
인제대학교	음악학과	〃
전남대학교	국악학과, 음악학과	〃
전주대학교	음악학과	〃
중앙대학교	관현악전공, 성악전공, 작곡전공, 피아노전공, 전통예술학부 (음악예술전공)	〃
창원대학교	음악과	〃
총신대학교	교회음악과	〃
충남대학교	음악과	〃
칼빈대학교	교회음악과	〃
평택대학교	음악학과	〃
한국예술종합학교	기악과, 성악과, 음악과, 작곡과, 지휘과, 한국음악작곡과	〃
한양대학교	관현악과, 국악과, 성악과, 작곡과, 피아노과	〃
호남신학대학교	음악학과	〃
가톨릭대학교	음악과	〃
강릉원주대학교	음악과	〃
경기대학교	전자디지털음악학과	〃

대학교명	전공	구분
경성대학교	음악학부	일반대학교
계명대학교	관현악전공, 성악전공, 작곡전공, 피아노전공	〃
광신대학교	음악학과	〃
국민대학교	관현악전공, 성악전공, 음악학부, 작곡전공, 피아노전공	〃
나사렛대학교	음악목회학전공, 음악학과	〃
대구가톨릭대학교	관현학과, 성악과, 피아노과	〃
대신대학교	음악학부	〃
동덕여자대학교	관현악과, 성악과, 피아노과	〃
동의대학교	음악학과	〃
목원대학교	관현악학부, 관현악학부 관악전공, 관현악학부 현악전공, 국악과, 성악·뮤지컬학과, 작곡·재즈학부, 피아노과	〃
배재대학교	피아노과	〃
부산대학교	음악학과, 한국음악학과	〃
상명대학교	음악예술경영학과, 음악학부	〃
서울기독대학교	공연음악학과	〃
서울사이버대학교	성악과, 피아노과	〃
서울신학대학교	교회음악과	〃
서울한영대학교	음악과	〃
성신여자대학교	기악과, 성악과, 작곡과	〃
세한대학교	기악전공, 작곡전공, 피아노학과	〃
숙명여자대학교	관현악과, 성악과, 작곡과, 피아노과	〃
순천대학교	피아노학과	〃
안동대학교	음악과	〃
연세대학교	관현악과, 교회음악과, 성악과, 작곡과, 피아노과	〃
예원예술대학교	음악학과	〃
울산대학교	관현악전공, 성악전공, 피아노전공	〃
이화여자대학교	건반악기과, 관현악과, 성악과, 음악대학, 작곡과, 한국음악과	〃
장로회신학대학교	교회음악학과	〃
전북대학교	음악과, 한국음악학과	〃

대학교명	전공	구분
제주대학교	관·현악전공, 작곡·성악·피아노전공	일반대학교
창신대학교	음악학과	〃
청주대학교	영화·음악전공	〃
추계예술대학교	관현악과, 국악과, 성악과, 작곡과, 피아노과	〃
침례신학대학교	교회음악과, 피아노과	〃
케이씨대학교	음악콘텐츠학과	〃
한국교통대학교	음악학과	〃
한세대학교	음악학과	〃
협성대학교	기악과, 성악·작곡과	〃
명지전문대학	클래식공연예술학과	전문대학교
부산예술대학교	한국음악과	〃
서해대학	음악과	〃
전남도립대학교	공연음악과	〃
한국복지대학교	모던음악과	〃
백제예술대학교	미디어음악과, 음악과	〃
서울예술대학교	한국음악전공	〃
전남과학대학교	음악학과	〃
제주한라대학교	음악과	〃

무료 작곡 프로그램

실물 악기를 연주해보고 악보를 그리는 방식의 작곡법도 있지만 현재는 작곡의 많은 분야에서 컴퓨터를 활용하고 있습니다. 작곡에 관심이 있는 작곡 입문자들에게 어떤 작곡 프로그램을 써야할지 고민이 될 것입니다. 작곡 프로그램의 가격이 만만치 않기 때문에 쉽게 결정내릴수가 없습니다. 유료 작곡프로그램 못지 않은 품질과 기능을 자랑하는 무료 프로그램을 먼저 사용해보면서 작곡을 시작해보는 것은 어떨까요?

1. Linux MultiMedia Studio 　다운로드 : https://lmms.io/download

LMMS라고 불러지는 이 프로그램은 처음에는 리눅스에서 사용할 수 있는 작곡 프로그램으로 개발이 되었습니다. 그러나 지금은 윈도우와 맥에서도 사용이 가능합니다. 인터페이스가 간단하고 단순해 사용방법이 어렵지 않고 비트 제작, 음원 합성, 편곡, 믹싱, 멜로디 및 비트 제작 등 다양한 작업을 할 수 있어 입문자가 사용하기에 좋은 프로그램입니다.

2. Garage Band

아이폰, 아이패드, 맥북의 사용자라면 이미 작곡 프로그램이 깔려있습니다.

바로 개러지밴드입니다. 무료 어플이지만 악기의 종류도 다양하고 가상 악기의 음질 퀄리티 또한 훌륭합니다. 작곡의 입문자들에게 기본기를 쌓는 용도로는 충분합니다. 개러지밴드의 사용법과 작곡에 익숙해지고 나서 더 복잡한 작곡 프로그램으로 넘어가는 것은 어떨까요?

GarageBand

GarageBand는 여러분의 iPad와 iPhone을 Touch 악기 모음 및 모든 기능이 완벽하게 갖춰진 녹음 스튜디오로 만들어 드립니다. 따라서 어디에서나 음악을 만들 수 있습니다. 이제 Live Loops를 사용하여 마치...

더 보기 〉

3. Cakewalk 다운로드 : https://www.bandlab.com/products/cakewalk

이 프로그램은 1987년 출시되어 많은 아티스트들에게 사용되어온 프로그램입니다. 원래는 유료 프로그램이었으나 밴드랩(Bandlab)사에 인수가 되면서 무료로 배포중입니다. 무료 버전으로 바뀌면서 가상악기 또는 장비들에 대한 제한이 생겼지만, 성능이나 주요 기능들은 여전히 좋은 성능을 보여줍니다. 케이크워크는 업데이트도 자주 이루어지고 국내에서 큰 인기를 누리고 있는 큐베이스와 비슷한 성능을 자랑합니다.

4. Studio One 5 Prime 다운로드 : https://shop.presonus.com/Studio-One

    Cubase제작자와 Logic 제작자가 함께 만든 제품입니다. Studio One에는 세가지 버전이 있습니다. 무료 버전인 Prime, 기능의 일부가 빠져있는 Artist, 모든 기능이 다 있는 Professional 버전까지 있습니다. 무료버전인 Prime 버전으로 작곡을 연습해보는 것은 어떨까요? 프로그램이 가볍고 효율적이어서 작곡에 입문해보기에 좋은 프로그램입니다.

작곡가와 관련된 영화

이미지 출처 : imdb

아름다운 사랑의 하모니
그 여자 작사 그 남자 작곡

80년대 인기 그룹 'POP'의 일원이었던 알렉스 플래처(휴 그랜트)는 현재 놀이공원이나 동창회 행사에서 노래를 불러 먹고 사는 퇴물 가수다. 왕년의 인기와 추억을 쥐어짜면서 살아가던 그에게 어느 날 인기 여가수 코라 콜먼(헤일리 베넷)이 알렉스에게 듀엣을 제안해 온다. 그에게는 일생일대 재기의 기회! 다만, 조건이 있다. 2주 안에 자기와 함께 부를 노래의 작사를 해올 것, 그리고 무조건 '사랑을 찾아가는 길(Way back into love)'이라는 제목을 쓸 것. 골머리를 앓는 알렉스의 곁에 수다쟁이 소피 피셔(드류 베리모어)가 나타난다. 알렉스의 집 화초를 가꾸는 알바를 하던 그녀의 남다른 작사 재능을 눈치 챈 알렉스는 그녀에게 동업을 요청하고 우여곡절 끝에 두 사람은 협업을 시작한다. 노래를 만드는 과정에서 서로 간직하고 있던 아픔을 털어놓으면서 점차 가까워지는 두 사람. 하지만 자신의 작품에 강한 자부심을 가지고 있던 코라 콜먼의 변덕으로 두 사람의 사이에는 조금씩 균열이 가기 시작하는데…….

홀로코스트 마저도 이겨낸 예술의 힘
피아니스트

1939년 2차 세계대전의 현장 폴란드 바르샤바. 라디오 프로그램에서 쇼팽의 야상곡을 연주하던 그의 눈 앞에 불길이 떨어진다. 스필만은 목숨을 부지하지만, 이후 유대인 강제 거주지역 게토로, 피난 기차로 쫓겨다니는 처지가 된다. 그동안 나치의 경계는 점점 심

이미지 출처 : imdb

해져만 가고, 스필만은 나치의 눈을 피해 숨어 다니거나 폭격으로 폐허가 된 건물에 자신의 은신처를 만들어 목숨을 부지한다. 나치의 세력이 확장될수록 자신을 도와주던 몇몇의 사람마저 떠나자 허기와 추위에 더해 고독과 공포가 몰려온다. 어둠이 가득한 폐건물 안, 먹을 거라곤 오래된 통조림 몇 개뿐인 은신생활이 길어지던 중, 스필만은 순찰을 돌던 독일 장교에게 발각되고 만다. 한눈에 유태인 도망자임을 눈치 챈 독일 장교. 스필만이 피아니스트라는 것을 듣자 연주를 명령한다. 어쩌면 지상에서의 마지막 연주가 될 지도 모르는 그 순간, 스필만은 온 영혼을 손끝에 실어 연주를 시작하는데…….

이미지 출처 : imdb

모든 남자가 증오했고 모든 여자가 사랑한 남자!
파가니니 : 악마의 바이올리니스트

전 유럽 여성들의 마음을 거머쥔 바이올리니스트 파가니니. 그의 묘한 외모와 화려한 연주 그리고 기교는 보는 이로 하여금 숨을 멎게 만든다. 명성과 권력에 취해 방탕한 생활을 누리던 파가니니 앞에 어느 날 우르바니가 나타난다. 하던 연주를 계속하면 자신의 수족이 되겠다는 달콤한 제안을 던진 우르바니. 그의 도움으로 파가니니는 곧 유럽에서 가장 유명한 바이올리니스트가 되고, 지휘자 왓슨을 통해 런던에서의 단독 콘서트에까지 초청받게 된다. 런던에서 왓슨의 딸 샬롯을 보는 순간 마음을 빼앗긴 파가니니. 이를 눈치 챈 우르바니는 둘의 관계를 이용해 스캔들을 만들어 명성을 얻을 꾀를 내고, 다시는 돌이킬 수 없는 거대한 함정을 만들어 내기 시작하는데…….

여기서 잠깐! : 저작권

'저작권'하면 어떤 직업이 가장 먼저 떠오르시나요? 영화가 떠오르는 분도, 사진이 떠오르는 분도 있을 텐데요, '저작권'하면 빠질 수 없는 직업이 있죠. 바로 '작곡가'입니다. 작곡가의 권리는 대부분 저작자의 권리인 '저작권'에 기반하는데요, '저작권', 무엇인지 더 자세히 알아볼까요?

음악저작물의 개념

음악저작물은 클래식, 팝송, 가요 등 음악에 속하는 모든 저작물을 말합니다. 악곡 외에 언어를 수반하는 오페라, 뮤지컬 등 곡도 포함되며, 즉흥음악 역시 독창성이 있으면 음악저작물로 보호 받을 수 있습니다.

다만, '악보'의 경우 음악을 고정하는 매체나 수단일 뿐 그 자체가 음악 저작물은 아닙니다.

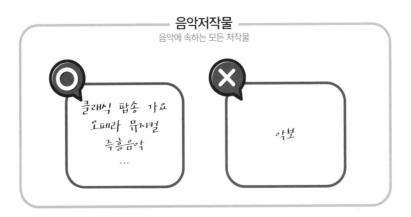

음악저작물
음악에 속하는 모든 저작물

클래식 팝송 가요
오페라 뮤지컬
즉흥음악
...

악보

음악저작물에 대한 권리(저작권)

저작권은 저작물에 대해 저작자(창작자)가 가지는 권리를 말합니다. 저작자로부터 지적재산권의 전부 또는 일부를 양도받은 저작재산권 양수인 역시 저작권자가 됩니다.

저작권은 저작자의 명예와 인격적 이익을 보호하기 위한 '저작인격권'과 경제적 이익 보전을 위한 '저작재산권'으로 구분됩니다. 저작인격권에는 저작물이 이용되는 과정에서 작곡의 제목, 내용이 바뀌지 않도록 하는 '동일성유지권', 음반에 자신의 성명을 표시할 수 있는 '성명표시권' 등이 포함됩니다. '저작재산권'은 저작을 토지 등 부동산과 마찬가지로 매매하고 상속할 수 있는 것으로 보고 그때 상품 소유자에게 생기는 권리를 뜻합니다. 저작권자가 저작권을 다른 이에게 빌려주거나 양도할 때 경제적인 대가를 받을 수 있는 법적 근거가 여기 있습니다.

저작권의 등록

저작권은 상표권이나 특허처럼 등록해야만 발생하는 것이 아니라, 창작하는 그 순간 동시에 발생합니다. 다만, 저작물에 대해 권리를 등록하면 보다 쉽게 권리 주장을 할 수는 있습니다.

저작자가 등록할 수 있는 사항은 저작자의 실명이나 이명/국적과 주소/저작물의 제호·종류·창작연월일/등록권리자가 2명 이상인 경우 각자의 지분에 관한 사항 등 입니다.

저작물을 등록하면 등록한 저작물의 저작자로서 추정을 받게 됩니다. 따라서 등록된 저작권에 침해 발생 시 침해 사실 입증 책임을 침해자에게 전가할 수 있습니다. 즉, 침해 입증 책임이 침해 받은 내가 아니라 침해한 저쪽에 있습니다.

편곡에 대한 권리

저작권자는 원저작물을 편곡·각색·영상제작 등의 방법으로 2차저작할 수 있는 '2차저작물작성권'을 가집니다.

원저작물의 2차저작물은 다시 독자적인 저작물로 보호됩니다. 즉, 2차저작물의 보호는 원저작물 저작자의 권리와는 무관합니다. 다만, 2차저작물로 보호 받기 위해서는 원래의 저작물을 기초로 사회통념상 새로운 저작물이 될 수 있을 정도의 창작성을 갖춰야 합니다. 단순히 코러스를 더하는 등 요소를 더한 정도로는 2차저작물로 인정될 수 없습니다.

출처: 찾기쉬운생활법령정보>음악저작물 이용

생생 인터뷰 후기

인류의 역사를 되돌아보더라도 음악이 언제 어떻게 시작되었는지 유래를 찾아보기 힘들 정도로 음악은 아득히 먼 옛날부터 존재했다는 흔적들만이 남아있을 뿐이다.

고고학자들은 고대 문명에 여러 가지 형태의 음악이 있음을 찾아냈고, 인류학자들도 원시부족의 문화에서 음악이 있었음을 발견했다. 심지어 고대 그리스의 경우 음악을 신들의 발명품으로 이야기 하고 있다. 이처럼 인류의 시작과 함께 했다고 보아도 과언이 아닌 음악은 인간과 떼려야 떼어낼 수 없다. 음악을 들었을 때 느낀 감동을 글이나 말로써 표현하기란 쉽지 않다. 아름다운, 눈을 떼지 못하는, 온몸에 전율이 흐르는, 환상적인 등 화려한 수식어가 있지만 음악을 들었을 때 받은 느낌을 고스란히 전달하는 데에는 부족함을 느낀다. 음악을 듣는 것만으로도 생각이 바뀌고 행복을 느끼며 누군가에게는 인생 전체를 뒤흔드는 강렬한 충격을 받기도 한다. 이러한 음악을 창작해내는 일이란 얼마나 경이롭고 멋진 일인가! 음악의 매력에 빠져 인생을 음악과 함께 하기로 다짐한 여섯 명의 작곡가를 만났다.

◑ 이율구 음악감독

첫 연락부터 부드럽고 자상한 목소리로 인터뷰를 응해주시고 작곡가편을 진행하는 과정에서 많은 격려와 도움을 주셨던 이율구 음악감독님은 처음 만남에도 오랜 기간 알고 지낸 것처럼 편안한 분위기를 이끌어가 주셨다. 인터뷰 중간 중간 가족에 대한 사랑이 느껴지는 답변들과 음악을 하는 삶이 행복하다는 것을 느낄 수 있었다. 작곡에 대해서 이미 베테랑일지라도 처음 음악을 시작한 것처럼 자신의 감정을 읽어내려 노력하고 늘 새로운 아이디어가 떠오를 때마다 기록을 하는 습관을 가지고 있다. 각 세대에 필요로 하는 음악을 만들어 우리들의 삶을 노래하는 작곡가가 되고 싶다는 꿈을 가진 그에게 청년과 같은 열정을 느낄 수 있었다.

◑ 윤선하 작곡가

작곡가편을 진행하면서 인터뷰이 겸 저자가 음악에 대한 전문가가 아니기 때문에 생기는 어려움이 있었다. 나부터 작곡가에 대해서 궁금한 점이 많았고 한편으로는 걱정도 되었다. 가장 처음으로 인터뷰를 진행했었던 윤선하 작곡가님을 만나 인터뷰를 하면서 인터뷰 이외에도 음악에 대한 정보를 차근 차근 알려주셔서 책을 완성하는 것에 많은 도움을 받았다. 대학시절 받을 수 있는 혜택들을 120% 활용하여 재학 중 정규앨범을 낼 정도로 꼼꼼히 찾아보며 등록금이 아깝지 않을 정도로 대학의 시스템을 잘 활용한 그는 졸업 후에도 교수님들과 선후배들 간의 교류를 통한 좋은 결과를 내고 있다. 이 책을 읽는 작곡가를 꿈꾸는 이들에게 가장 실질적으로 따라해 볼 수 있는 좋은 조언들이 많았다. 어떠한 질문에도 음악에 대한 사랑이 느껴지는 답변에서 지금 하고 있는 일에 대한 자부심을 느낄 수 있었다.

◐ 미친감성 작곡가

새로 단장한 작업실로 초대를 해주셨다. 은은한 조명과 깔끔한 인테리어 그리고 함께하는 프로듀서님들의 개인 작업실들이 눈에 띈다. 늦은 시간이었지만 모두들 지친 기색 없이 활기찬 모습이었다. H.O.T의 오랜 팬으로 자신이 사랑하는 가수와 음악적 교류를 하고 싶었던 아이는 여러 가수들과 함께 음악적인 교류를 하고 있다. 작곡가가 되기까지 여러 가지 걸림돌을 정면 돌파하는 대담함을 보이며 작곡가로서 자리잡아왔다. 힘들게 올라온 만큼 작곡가를 꿈꾸고 있는 사람들에게 후원과 격려를 아끼지 않는다. 그의 유튜브 채널을 보면 신곡들의 리뷰는 물론 기부특강이나 작곡가가 되는 방법 작곡가가 되고 싶은 꿈은 있지만 현실적으로 어려움을 겪고 있는 뮤지션에게 기부하는 등 자신이 겪은 힘든 과정들을 후배 작곡가들이 똑같이 겪지 않도록 노력하는 모습이 인상적이다. 이미 꿈을 이루어낸 성공한 작곡가이지만 대한민국에서 작곡을 가장 잘 하는 프로듀싱팀을 이끌고 싶다는 다부진 꿈을 반드시 이루어내길 응원한다.

◐ 박형준 작곡가

처음 만났지만 작곡가님의 음악은 늘 만나왔다. "아버지는 말하셨지 인생을 즐겨라!", "여름이니까 아이스커피", "좋은 기름이니까~" 등 셀 수도 없을 정도로 많은 광고음악을 통해 우리 모두 그를 간접적으로 만나고 있었다. 대한민국에서 그의 음악을 한 번도 들어보지 못한 사람이 있을까? 가장 친숙하고 유명한 작곡가일 것이다. 작곡가님과의 이야기 속에서 그 만의 철학을 느낄 수 있었다. 음악을 이론으로 접근하기보다 음악 그 자체로 즐길 줄 알아야 한다는 작곡가님의 이야기에서 음악에 대한 사랑을 느낄 수 있었고 자신이 작곡한 곡 중 가장 애정을 가지고 있는 곡을 꼽을 때에 〈2018 평창올림픽 패럴림픽 국가대표 공식 응원가〉를 작곡하며 미처 관심을 갖지 못했던 부분에 대해 깨닫게 되었다는 그의 말에 따뜻함을 느꼈다. 짧은 시간이지만 인터뷰 내내 보여 지는 표정이나 이야기 속에서 음악에 대한 열정과 자부심이 담겨 있었다.

◐ 서기준 작곡가

조용하고 아늑한 작업실에서 만난 작곡가님의 이야기를 들으며 나도 모르게 작곡가님의 이야기에 빠져드는 듯한 느낌을 받았다. 우여곡절 끝에 작곡가가 된 스토리를 들으며 여러 가지 어려움을 겪어 낸 작곡가의 카리스마를 느꼈다. 인상적이었던 답변은 상업적인 작곡을 하다보면 때로는 하고 싶지 않은 곡 작업들도 해야 한다는 답변을 할 때 나는 속으로 '아... 원하는 일을 하지 못해서 힘드셨겠구나...'라는 생각을 하고 있을 때 작곡가님은 축구를 예로 들어 이야기를 이어나갔다. 우리는 흔히 골을 많이 넣고 주목을 받는 스트라이커만을 성공하고 행복한 축구선수라고 생각해왔었다. 누구나 골을 넣고 싶은 마음은 있을지 몰라도 미드필더로 또는 수비수로 팀의 승리에 기여한다면 내가 원하지 않는 포지션을 뛰고 있더라도 좋은 결과가 나온다면 스트라이커 못지않게 행복하다는 그의 답변을 듣고 인터뷰를 마치고 돌아가는 내내 여러 가지 생각에 잠겼던 기억이 난다. 누구보다 음악 그 자체를 사랑하는 작곡가가 아닐까 생각하며 작곡가님의 삶에 박수를 보낸다.

◐ 김혜인 작곡가

인터뷰 내내 밝은 미소를 보이며 답변해주신 덕에 학창시절부터 작곡가의 삶까지 마치 한편의 드라마를 보는듯한 느낌으로 그녀의 이야기에 빠져들었다. 어떤 질문에도 포장 없이 솔직하게 답변을 해주어 오랫동안 알고지낸 친구를 만난 것처럼 편안하게 대화를 이어나갔다. 학창시절 음악을 가장 사랑했지만 진로에 대한 확신을 가지기까지는 오랜 시간이 걸렸다는 그. 작곡가의 대부분은 프리랜서로 시작하여 안정적으로 자리 잡기까지 어려움을 겪지만, 회사소속의 작곡가로 안정적이면서 자신이 가장 사랑하는 음악을 직업으로 선택하는 두 마리 토끼를 잡았다. 그녀의 이야기 속에 묻어나오는 음악에 대한 열정을 볼 때 그녀는 '음악' 그 자체를 진정 즐길 줄 아는 작곡가였다. 불안정한 직업이라는 생각에 주저하는 이들에게 시야를 조금 넓혀 작곡의 분야를 찾아보면 나에게 딱 맞는 방식의 작곡가가 있을 거라는 그녀의 말에 힘을 얻는 이들이 많을 거라고 기대해본다.